Sozialpädagogik Band 1

Herausgegeben von

Günther Bittner, Andreas Flitner, Walter Hornstein

Gisela Hundertmarck

Soziale Erziehung im Kindergarten

Ernst Klett Verlag Stuttgart

2. Auflage 1971

Gesamtherstellung: Wilhelm Röck, Weinsberg
Einbandgestaltung: Alfred Krugmann
ISBN 3 - 12 - 92405 0-0

Vorwort

Seit wir wissen, daß für manche Aufgaben der Erziehung und der Förderung die Schulzeit schon als ein recht später Termin anzusehen ist, daß also vieles leichter und besser erreicht werden kann, wenn wir früher damit beginnen, darf die Kindergartenerziehung ein Interesse beanspruchen, das ihr bisher weithin vorenthalten wurde. Während aber die Sprache und die kognitive Entwicklung, die sittliche Erziehung und die emotionale Sicherung kleiner Kinder ihr Fundament normalerweise in der Familie haben und jede ergänzende Anregung von diesem familiären Bestand ausgehen muß, bildet die Sozialerziehung ein eigenes Erziehungsfeld, das sich im Kindergarten oft erst neu aufbaut. Kinder wachsen heute vielfach in einem engen Kreis primärer Sozialbeziehungen auf, in dem die Kontakte zu den Altersgenossen, aber auch zu nichtverwandten Erwachsenen dürftig sind. Sie betreten den Kindergarten als ein Feld ganz neuer Erfahrungen. Ob dem Kind in diesen Sozialerlebnissen eine Bereicherung zuwächst, eine Stärkung seiner Persönlichkeit und die Neugier auf weitere Erlebnisse dieser Art, oder ob es sich abgelehnt vorkommt, sich ängstlich zurückhält oder gar in einen Zirkel feindseliger Reaktionen und Ausschließungen hineingerät, das scheint sich schon bei diesen frühen Erfahrungen zu entscheiden. So haben wir allen Grund, die höchste Aufmerksamkeit auf die Schritte in die soziale Welt zu richten und einen Beitrag zur pädagogischen Ergründung dieses Gebiets willkommen zu heißen.
Die basale Sozialisation und die soziale Erziehung des Kindes sind heute zum Feld lebhafter Grundsatzdebatten geworden, hinter denen alte anthropologische Probleme von der Bestimmtheit und der Freiheit des Menschen ebenso stehen wie die Auseinandersetzung gegenwärtiger Theorien über Triebhaftigkeit und Aggressivität, konditionierendes Verhaltenstraining und auswählende Rationalität auch in den Sozialbeziehungen. Gisela Hundertmarck hat sich nicht in diesen Untiefen der Sozialisationstheorien verloren, sondern ist davon ausgegangen, daß Sozialerziehung auch geschehen muß, solange diese Voraussetzungen noch unentschieden sind. Sie hat theoretische Klärung und praktische Handhabung gleichermaßen im Auge behalten und stets aufeinander bezogen. Sie hat von der Basis ihrer eigenen praktischen Erfahrung aus ein Buch geschrieben, das wieder der Praxis dienen soll, indem es deren Voraussetzungen klären hilft, indem es zu Beobachtung, Spielanalyse und zu systematischer Aufzeichnung des Sozialgeschehens anleitet und eine Fülle von praktischen Hinweisen gibt. Es will damit zugleich Anregungen und Methoden darbieten, die sowohl

in der Theorie und Analyse wie auch in der Praxis weiterentwickelt werden sollen. Wir sind deshalb auch für alle Hinweise, wie das geschehen kann und welche Erfahrung mit diesen Anregungen gesammelt werden, dankbar. Ist doch zu hoffen, daß praxisbezogene Untersuchungen über die frühe Kindheit künftig nicht in so wenigen Händen bleiben wie bisher, sondern in Zusammenarbeit von Wissenschaft und Praxis zu neuen Fundierungen dieser hochwichtigen Arbeit gelangen.
Mit dem Band von Gisela Hundertmarck eröffnen wir eine Schriftenreihe, die sozialpädagogischen Untersuchungen, Erfahrungsberichten und theoretischen Abhandlungen Raum geben soll. Untersuchungen einer Tübinger Arbeitsgruppe, die zum Teil mit Unterstützung der Deutschen Forschungsgemeinschaft ausgeführt werden, stehen am Anfang. Übersetzungen bedeutender Werke ausländischer Autoren, Untersuchungen aus dem Kreise des Münchener Mitherausgebers Walter Hornstein und andere, in den Themen und der sozialpädagogischen Intention verwandte Arbeiten folgen. Die Diskussion über die Forschungsprobleme und die methodischen Fragen, die für die Reihe kennzeichnend sind, wird in unserem Band „Brennpunkte gegenwärtiger Pädagogik" (München: R. Piper 1969) eröffnet und in der Zeitschrift für Pädagogik Heft 4/1969 (Dissozialität und Sozialpädagogik) und Heft 1/1970 (Vorschulerziehung – Gestörte und benachteiligte Kinder) fortgeführt. Die Herausgeber sind überzeugt, daß die Erforschung und die Diskussion sozialpädagogischer Fragen sowohl in der wissenschaftlichen Pädagogik als auch in der Sozialpolitik eine völlig andere Bedeutung erhalten müssen, als ihnen bisher zugebilligt wurde. Die hier veröffentlichten Arbeiten sollen ihr Teil dazu beitragen.

Andreas Flitner

Inhalt

Einleitung

In der letzten Zeit ist der Kindergarten wieder stärker in das Blickfeld der Öffentlichkeit getreten. Diskussionen über die Bedeutung des Bildungsangebots für das vorschulpflichtige Kind, die Erkenntnis, daß eine Förderung benachteiligter Kinder schon in diesem Alter einsetzen muß, Überlegungen über die Notwendigkeit einer Elternbildung, die Berufstätigkeit der Frau – all diese Themenkreise machen die Bedeutung des Kindergartens sichtbar, und damit wächst die Notwendigkeit, sich stärker als bisher in Theorie und Praxis mit der Kindergartenarbeit auseinanderzusetzen.

Als eine der wichtigsten Aufgaben der Kindergartenpädagogik wird übereinstimmend die soziale Erziehung genannt. Trotz der allgemeinen Anerkennung dieses Arbeitsgebiets wurde es bisher jedoch nur ungenügend untersucht. Das ist wahrscheinlich nicht nur in einem generellen Mangel an Literatur über den Kindergarten begründet, sondern auch darin, daß insgesamt in der deutschen pädagogischen Forschung die sozialpsychologischen Gesichtspunkte erst in der letzten Zeit eine größere Bedeutung gewinnen. Die bereits durchgeführten Untersuchungen betreffen jedoch vor allem Schulklassen und Gruppen von Jugendlichen oder Erwachsenen; die Beziehungen der Kleinkinder untereinander werden immer noch nicht genügend beachtet. Daher ist es das Ziel dieser Arbeit, die sozialen Beziehungen der Kindergartenkinder und die gruppendynamischen Prozesse in ihrer Vielfalt und in ihrer Bedeutung für das Erleben des Kindes darzustellen und die Aufgaben der Pädagogen im Kindergarten von diesem Aspekt her zu durchdenken.

Für die Erarbeitung dieser Themen wurden vor allem drei Gruppen von Materialien herangezogen: 1. eigene Beobachtungen im Kindergarten, 2. mündliche und schriftliche Berichte von Praktikern in der Kindergartenarbeit, 3. empirische Untersuchungen verschiedener Autoren und weitere wissenschaftliche Literatur.

1. Eigene Beobachtungen im Kindergarten:

Als Methode für den empirischen Beitrag zu dieser Arbeit wurde die teilnehmende Beobachtung gewählt, bei der der Beobachter unmittelbar an dem Leben der Beobachteten teilnimmt. Diese Methode kann jeweils nach dem Forschungszweck und den äußeren Umständen modifiziert werden: Der Forscher beteiligt sich in hohem Maß an den Aktivitäten der sozialen Gruppe, oder er verhält sich weitgehend passiv; er kann in dem sozialen Feld, das er erforschen will, verschiedene Rollen übernehmen und dabei, wenn es erforderlich oder besonders zweckmäßig zu sein scheint, seine Forschungsabsicht verschweigen, er kann sie aber auch, wie es in den meisten Fällen anzuraten ist, mit einigen oder allen Beteiligten besprechen.

Bei meinen Untersuchungen in verschiedenen Kindergärten ging ich folgendermaßen vor: Ich sprach mit den beteiligten Erziehern über meine Pläne und bat um ihre Mitarbeit (Einsicht in die Kartei, Auskunft über die Kinder und ihre Familien usw.). Während der Beobachtungen, die ich vor allem im morgendlichen Freispiel durchführte, nahm ich von mir aus keine Kontakte mit den Kindern auf; die Kinder empfanden mich aber als zugehörig und waren durch meine Anwesenheit völlig ungestört. Ich näherte mich also der „passiven teilnehmenden Beobachtung“ [1] an – mit einer Ausnahme: Ich erprobte in einer Kindergartengruppe selbst im Rahmen von rhythmischen Übungen eine Methode, Daten für ein Soziogramm zu gewinnen.

Die Beobachtungen wurden in fünf Kindergärten in insgesamt sieben Gruppen durchgeführt; dabei wurden möglichst unterschiedliche äußere Gegebenheiten gewählt: Es handelte sich um einen städtischen, einen katholischen, einen Seminar-Kindergarten und zwei evangelische Kindergärten; die Größe der Gruppen lag zwischen 12 und 45 Kindern; die Gruppen wurden jeweils in einem Fall von einer Jugendleiterin zusammen mit einer Kindergärtnerin, einer Jugendleiterin, einer Kindergärtnerin zusammen mit einer Helferin und in den übrigen Fällen von einer Kindergärtnerin geleitet; die Kinder besuchten den Kindergarten vormittags, nachmittags oder auch ganztägig, sie waren in altersmäßig gemischten Gruppen oder nach Jahrgängen zusammengefaßt; die Belegung des Kindergartens wurde durch das jeweilige Einzugsgebiet und die unterschiedlichen Aufnahmebedingungen bestimmt.

Die Methode der teilnehmenden Beobachtung erwies sich als besonders geeignet, um das sehr komplexe Erziehungsfeld zu studieren, die Probleme zu sehen und in ihrem Kontext zu erfassen und die Fülle der zu beobachtenden Phänomene zu erkennen. – Von den Protokollen, die während der Beobachtungen geschrieben wurden, wurden einige ausgewählt und in die folgenden Kapitel eingefügt.

2. Berichte aus der Praxis:

Aus verschiedenen Fachzeitschriften der Bundesrepublik, der DDR und

---

[1] M. S. und CH. G. SCHWARTZ (1955) unterscheiden zwischen einer aktiven und einer passiven teilnehmenden Beobachtung.

Österreichs wurden Berichte von Praktikern aufgegriffen. H. ROTH schreibt von diesem „Niederschlag der Erfahrungen der Praktiker“: „Es handelt sich meist um eine halbwissenschaftliche Literatur, die gleichwohl von ungemeiner Wichtigkeit ist, weil sie praxisnahe, wenn auch nicht immer abgeklärte und geistig durchdrungene und bewältigte Erfahrung darstellt ... Das von den Praktikern angebotene Material (wird) ... meist nicht für forschungswürdig im Sinne einer Universitätspädagogik erachtet. Das führt dazu, daß die Praxis innerhalb der Praxis kreist“ (ROTH 1958, 17 f.).
Gerade im Bereich der Kindergartenpädagogik, der bisher wissenschaftlich kaum erforscht wurde, in dem aber viele Praktiker eine intensive Arbeit leisten, ist dieses Material von besonderer Bedeutung. Eine Reihe von Darstellungen und Vorschlägen erwiesen sich als wertvolle Beiträge, dazu kamen mündliche Berichte von Jugendleiterinnen, die Kinder aus ihrer Gruppe eingehend schilderten (die Fälle in Kap. II, 3b „Das abgelehnte Kind“ und die der Kinder, die in Kap. IV im Zusammenhang mit dem Soziogramm erwähnt werden). – Diese noch praxisnahen Berichte wurden weiter durchdacht und in die systematischen Erörterungen aufgenommen.

3. Einbeziehung der wissenschaftlichen Literatur:
Hier handelt es sich vor allem um empirische Untersuchungen (zum großen Teil amerikanischer Herkunft) mit unterschiedlichen Methoden und Forschungszielen. Jede Untersuchung mußte vor allem auf ihre Tragweite hin reflektiert werden, da die Ergebnisse häufig zu schnell verallgemeinert wurden. – Bei kritischer Durchsicht der vorhandenen Literatur erwiesen sich zahlreiche empirische Forschungen als wichtige Beiträge zu bestimmten Aspekten des behandelten Themenkreises. Zu den Zielen dieser Arbeit gehörte es daher auch, die zum Teil schwer zugängliche Literatur auszuwerten und einige der wichtigsten Untersuchungen ausführlicher zu referieren, um sie einem größeren Kreis bekanntzumachen.

Das umfassende Thema „Soziale Erziehung im Kindergarten“ erfordert noch viele spezielle Untersuchungen und von der Forschung begleitete praktische Arbeit in den Kindergärten, damit diese Bildungsaufgabe des Kindergartens und die speziellen Hilfeleistungen für benachteiligte oder geschädigte Kinder genauer erkannt und dargestellt werden können. Mit den folgenden Ausführungen kann ich daher nur einen vorläufigen Beitrag zu der Diskussion um die Vorschulerziehung leisten, der mir aber notwendig zu sein scheint, um die Erarbeitung einer Theorie des Kindergartens an einem entscheidenden Punkt zu unterstützen.

Ich habe vielen Menschen dafür zu danken, daß dieser Beitrag geschrieben werden konnte. Eine grundlegende Einführung in die sozialpädagogische Arbeit erhielt ich von Frau Professor Dr. Erika Hoffmann, die während meiner Jugendleiterinnen-Ausbildung Leiterin des Evangelischen Fröbelseminars in Kassel war. Die Jugendleiterinnen und Kindergärtnerinnen, in deren Kindergärten ich die notwendigen Beobachtungen durchführte, kamen mir hilfsbereit und mit Interesse an meinen Plänen entgegen. Mit Frau Burglind Görtzen und Frau Martina Gensch besprach ich verschiedene pädagogische Probleme und übernahm von ihnen die eingehende Schilderung einiger Kinder aus ihren Kindergärten. Mein besonderer Dank gilt meinem akademischen Lehrer, Herrn Professor Dr. Andreas Flitner. Er gab mir entscheidende Hilfen bei der Anlage und Durchführung einer wissenschaftlichen und dabei praxisnahen Arbeit, die vor allem für die Sozialpädagogen in der praktischen Kindergartenarbeit eine Anregung, Weiterbildung und Bestätigung sein soll.

I. Soziale Beziehungen des Kleinkindes zu anderen Kindern

1. Das Verhältnis des Kindes zum Erwachsenen als Grundlage seiner weiteren sozialen Entwicklung

In der Bundesrepublik wird das Kind in den meisten Kindergärten vom vollendeten dritten Lebensjahr an aufgenommen.[2] Wenn auch der Besuch des Kindergartens durchaus dem Wunsch der meisten Kinder dieses Alters nach größerer Selbständigkeit und dem Zusammensein mit anderen Kindern entspricht, so erfordert doch der Wechsel vom vertrauten familiären Kreis zur großen, noch fremden Kindergartengruppe eine beträchtliche Umstellung, die auch Schwierigkeiten mit sich bringen kann. Der Übergang sollte daher, wenn es irgend möglich ist, behutsam erfolgen, z. B. indem Mutter und Kind den Kindergarten zuerst ansehen und kennenlernen und das Kind in der ersten Zeit nur stundenweise kommt, wenn ihm das Einleben schwerfällt.

Eine wesentliche Voraussetzung für die erforderliche Selbständigkeit des Kindes ist die Sicherheit, die es durch eine warme und vertrauensvolle Beziehung zu seinen Eltern gefunden hat und die es ihm nun ermöglicht, sich in der Kindergartengruppe bald wohl zu fühlen. – Auch die Beziehung, die es zu dem fremden Erwachsenen entwickelt, der ihm hier gegenübertritt, ist von Bedeutung: Je jünger das Kind ist, umso stärker schließt es sich zuerst an die Erzieherin im Kindergarten[3] an; wenn es sich bei ihr geborgen fühlt, kann es sich unbekümmert der Erforschung der neuen Situation und dem Spiel mit den anderen Kindern zuwenden. A. Jersild beschreibt das folgendermaßen: „Sogar nachdem das Kind befriedigende

---

[2] In der Mehrzahl der Nachbarländer werden die Kinder ebenfalls im Alter von 3;0 an aufgenommen. In England, wo das Eintrittsalter auf das vollendete zweite Lebensjahr festgesetzt ist, rät man den Eltern meistens davon ab, mit dem Kindergartenbesuch bereits zu beginnen (Hetzer 1966, 457). Die Aufnahme in die Nursery school in den USA erfolgt auch nach dem zweiten Lebensjahr, es wird jedoch gefordert, daß die jüngsten Kinder anfangs nicht täglich und nur stundenweise kommen. Daneben gibt es aber auch Tageseinrichtungen, wo die Kinder den ganzen Tag über bleiben.

[3] Alle im Kindergarten tätigen Pädagogen werden hier als „Erzieher" bezeichnet, seien sie nun Sozialpädagogen, Jugendleiterinnen, Kindergärtnerinnen, teachers oder nurses. Der Name „Erzieher" wird hier also im umfassenderen Sinn gebraucht und bezieht sich nicht nur auf die Absolventen der neuen dreijährigen Ausbildung zum Erzieher.

Beziehungen zu seinen Altersgefährten geknüpft hat, kommt es oft zu den Erwachsenen, als ob es sie als Basis brauche, von der aus es Ausflüge in die Welt der Spielkameraden macht. Es wird wahrscheinlich mit mehr Sicherheit mit seinen Altersgefährten umgehen, wenn es eine feste Verwurzelung in seinen Beziehungen zu Erwachsenen hat" (Jersild 1960, 171).

Eine ausschließliche Bindung kleiner Kinder an Gleichaltrige kann nur unter extremen Bedingungen erzwungen werden. A. Freud und S. Dann (1961/62) berichten von einer Gruppe von sechs deutschen jüdischen Kleinkindern, die seit dem frühesten Alter im Konzentrationslager gelebt und ihre Eltern verloren hatten und auch keine Beziehungen zu anderen Erwachsenen anknüpfen konnten. Als sie nach Kriegsende nach England gebracht wurden, zeigte sich, daß die Kinder sich eng aneinander angeschlossen hatten, sie stellten eine fest verbundene Gruppe dar und konnten es nicht ertragen, wenn ein Kind auch nur für kurze Zeit von den anderen getrennt wurde. Neid und Wettstreit gab es zwischen ihnen nicht. Ihre Liebe hatten sie anstatt den Eltern oder vertrauten Erwachsenen den Gleichaltrigen zugewandt. — Es wird auch geschildert, daß die Kinder in ihrer Triebentwicklung und -regelung zurückgeblieben waren und daß sie nur schwer Beziehungen zu Erwachsenen aufbauen konnten.

In einem Experiment mit jüngeren Kindern (11 bis 30 Monate) hat J. M. Arsenian gezeigt, welche Bedeutung die Anwesenheit eines vertrauten Erwachsenen für die Fähigkeit des Kindes hat, sich in einer Unsicherheit hervorrufenden Situation zurechtzufinden. Wenn der Erwachsene sich in solch einer Situation zurückzog, war gewöhnlich ein hohes Anwachsen der Unsicherheit die Folge, die sich in nicht angepaßtem Verhalten (wie Schreien, Regression, Sich-Zurückziehen) äußerte, während die dauernde Anwesenheit des Erwachsenen das Kind frei machte, die Umgebung zu erforschen und konstruktiv mit ihr umzugehen. Wenn der Erwachsene sich zurückzog, nachdem das Kind mit der neuen Situation vertraut geworden war, so rief das nicht eine solche Angst hervor. J. M. Arsenian kommt zu der Schlußfolgerung, daß auch eine Menge von herrlichem Spielzeug nicht dafür garantieren kann, daß ein Kind in einer fremden, für es unstrukturierten Umgebung glücklich ist. Die beste Hilfe für das Kind scheint in dieser Situation die Gegenwart eines vertrauten Erwachsenen zu sein, von dem es sich beschützt fühlt. Auch ein vertrautes Objekt (ein Spielzeug des Kindes) kann die Unsicherheit in gewissem Maß vermindern (Arsenian 1943).

Man muß allerdings fragen, ob es berechtigt ist, für diese Schlußfolgerung kleine Kinder durch eine Versuchsanordnung in Angst zu versetzen, zumal es sich um Kinder handelte, die zum Teil von Geburt an in einer Anstalt lebten, wo sie zahlreichen möglichen Quellen von Frustrationen ausgesetzt waren (Arsenian 1943, 227). Kinder der Versuchsgruppe wurden jeweils für fünf Minuten in einen fremden Raum gebracht, andere dagegen zusammen mit ihrer Mutter oder Pfle-

gerin. Die Angst der allein gelassenen Kinder, die durch einseitig durchsichtige Fenster beobachtet wurde und sehr anschaulich beschrieben wird, nahm dann im Laufe der elf Versuche ab.
Wahrscheinlich kann man in Tageseinrichtungen und in Polikliniken geeignete Situationen finden, in denen das Verhalten von Kindern, wie es sich im täglichen Leben ergibt, auch genau studiert werden kann, zum Beispiel bei Kindern, die in einer Kinderkrippe oder einer anderen Tageseinrichtung angemeldet werden. Bei einem Teil der Kinder müssen die Mütter morgens sofort weiter zur Arbeit gehen, während andere Mütter während der ersten Tage wenigstens kurze Zeit bei dem Kinde bleiben können, bis ihm die fremden Menschen und die neue Umgebung etwas vertraut geworden sind.

PESTALOZZI macht 1801 dieselbe Beobachtung wie J. M. ARSENIAN in ihrer Untersuchung: „Jetzt steht ein Gegenstand, den es noch nie sah, vor seinen Augen, es staunt, es fürchtet, es weint; die Mutter drückt es fester an ihre Brust, sie tändelt mit ihm, sie zerstreut es, sein Weinen nimmt ab, aber seine Augen bleiben gleichwohl noch lange naß; der Gegenstand erscheint wieder – die Mutter nimmt es wieder in den schützenden Arm, und lachet ihm wieder – jetzt weint es nicht mehr, es erwidert das Lächeln der Mutter mit heiterem unumwölkten Auge – der Keim des Vertrauens ist in ihm entfaltet" (Sämtliche Werke, Bd. 13, S. 342).
Der Erwachsene kann also dem Kind ein Gefühl der Sicherheit geben, das es braucht, um sich neuen und beängstigenden Situationen nähern und sie meistern zu können, und es wäre falsch, eine Selbständigkeit erzwingen zu wollen, indem man das unsichere Kind zurückweist oder es zum „Training" beängstigenden Situationen aussetzt. – So zeigten auch verschiedene Untersuchungen übereinstimmend, daß ein Kind größere Abhängigkeit zeigt und aktiver darauf gerichtet ist, Aufmerksamkeit und Billigung von Erwachsenen zu suchen, wenn solche Aufmerksamkeit begrenzt oder verweigert worden als wenn sie ständig verfügbar gewesen ist (SWIFT 1964, 268). Die nahe Gegenwart des Erwachsenen verstärkt eher die Unabhängigkeit, als daß sie sie schwächt. – Die Kinder im Kindergartenalter sind zwar in höherem Maße fähig als die jüngeren Kinder in der genannten Untersuchung von J. M. ARSENIAN, allein mit einer unbekannten Situation fertig zu werden, und sie sind dann stolz auf ihren Mut und ihr Können, aber sie brauchen doch die Gewißheit, daß ein vertrauter Erwachsener in der Nähe ist und ihnen, wann immer sie Hilfe brauchen, beistehen könnte. – Das Kind, das dagegen keine Sicherheit gewinnt und sich weiterhin an seine Erzieherin klammert, kann auch keine befriedigenden Beziehungen zu seinen Spielkameraden anknüpfen. H. R. MARSHALL und B. R. MCCANDLESS fanden in einer Untersuchung von zwei Kindergartengruppen von je 19 Kindern (Durchschnittsalter 4;4 und 4;11), daß Kinder, die sich im Freispiel besonders oft an die Er-

wachsenen wandten, im Spiel weniger akzeptiert wurden und daß die Zahl der freundlichen Interaktionen mit Spielkameraden geringer war (im Gegensatz zu den feindlichen Interaktionen) als zwischen anderen Kindern (1957 b, 418).[4]

G. HEATHERS (1955) unterscheidet noch zwischen „instrumental dependency" und „emotional dependency" — das Kind bittet im ersten Fall den Erwachsenen um technische Hilfe bei einer bestimmten Tätigkeit, hier gibt es keine Relation zu dem sozialen Ansehen des Kindes; im zweiten Fall, wo es von den Erwachsenen besonders umsorgt werden möchte, hat es hingegen einen niedrigen sozialen Rangplatz in der Gruppe (SWIFT 1964, 277).
Die Ergebnisse ergänzen sich mit denen von M. J. DUNNINGTON (1957): Kinder mit niedrigem sozialem Rangplatz suchten in einer experimentellen Spielsituation mehr Aufmerksamkeit beim Erwachsenen als Kinder mit hohem sozialem Rangplatz (SWIFT 1964, 277).

Das Kind braucht also, um sich in der Kindergartengruppe einleben zu können, den Rückhalt einer verläßlichen Bindung zu Erwachsenen, die es beschützen und ihm andererseits die Freiheit geben, sich der neuen Umwelt intensiv zuzuwenden, die das Kind in seinem Streben nach Selbständigkeit nicht hemmen, sondern in seiner Entdeckerfreude und Unternehmungslust bestärken.

2. Allgemeine Charakterisierung der Beziehungen zwischen Kleinkindern

Über der großen Bedeutung, die das Verhältnis zum Erwachsenen für das Kleinkind hat, werden häufig die mannigfaltigen und dem Kind sehr wichtigen Beziehungen, die es zu den Altersgefährten anknüpft, nicht genügend beachtet. Das kleine Kind entwickelt aber mit zunehmendem Alter in immer höherem Maße den Wunsch und die Fähigkeit, mit anderen Kindern zusammen zu sein.
Es ist wiederholt versucht worden, das Verhalten des Kleinkindes gegenüber anderen Kindern in Entwicklungsschritte zu gliedern. J. P. RUPPERT unterscheidet drei Stufen:
1. Ein „Beieinander-Sein", das fälschlicherweise als gleichgültiges Nebeneinanderherleben gedeutet wird. Es wirkt aber anregend auf die Kinder,

[4] „Nursery school" (für Kinder von zwei bis fünf Jahren) und „Kindergarten" (für Kinder von fünf bis sieben Jahren) werden aus dem Amerikanischen hier immer mit „Kindergarten" übersetzt, die jeweilige Altersstufe wird angegeben.

der andere ist ein stimulierender Partner. Es findet sich eine Fülle von Einzelkontakten: man faßt sich an, läßt sich wieder los, streichelt sich, pufft sich usw.
2. Die „Entdeckung der Gruppe": Das kleine Kind möchte „dabei" sein; was gespielt wird, ist noch gleichgültig und wird noch nicht verstanden.
3. Das „Mittun" (RUPPERT 1952, 106).

In ähnlicher Weise wird die Entwicklung der sozialen Teilnahme in einer der frühesten und meistzitierten Untersuchungen von M. B. PARTEN (1932 und 1933 b) aufgegliedert:

1. Nichtstun
2. Einzelspiel
3. Zusehen
4. Parallelspiel
5. gemeinsames Spiel
6. organisiertes oder kooperatives Gruppenspiel
   (zitiert nach SWIFT 1964, 270).

Natürlich stellen diese Einteilungen keine feste Stufenfolge dar, die von den Kindern in bestimmtem Alter in derselben Reihenfolge durchlaufen wird. Einmal sind die individuellen Unterschiede zwischen den Kindern erheblich, und andererseits kann ein Kind zum gleichen Zeitpunkt das Verhalten verschiedener Stufen zeigen: Es spielt mit Kindern, die es kennt, zusammen, bei einer ihm fremden Gruppe sieht es zu; es hat einen bestimmten Plan, den es allein, also im Einzelspiel verwirklichen will usw. Diese Gliederungen können aber auf typische Verhaltensformen aufmerksam machen, die je nach dem Alter und den Erfahrungen der Kinder zu bestimmten Zeiten vorwiegend auftreten, und sie stimmen mit dem Resultat zahlreicher Beobachtungen und Untersuchungen über die soziale Entwicklung des Kleinkindes überein: Mit zunehmendem Alter zeigt das Vorschulkind eine immer größere Fähigkeit, mit anderen Kindern eine längere Zeit zu spielen und dabei eine Vielfalt von sozialen Verhaltensweisen auszuprägen. – In den folgenden Kapiteln soll diese noch sehr globale Charakterisierung differenziert werden.

3. Ergebnisse einer experimentellen Untersuchung über die Entwicklung der Zusammenarbeit im Kleinkindalter

K. Gottschaldt und Ch. Frühauf-Ziegler untersuchten die Entwicklung der Zusammenarbeit im Kleinkindalter (1958); die Arbeit wird kurz referiert, da die Ergebnisse in diesem Zusammenhang von Interesse sind.
Die Autoren stellten sich die Frage, welche Verhaltensweisen sich zeigen, wenn gleichaltrige Kleinkinder in einer Partnersituation vor eine Aufgabe gestellt werden, deren Lösung nur durch Zusammenarbeit möglich ist; ferner, wie sich die Zusammenarbeit bei mehrfachen Wiederholungen entwickelt und welche Veränderungen sich ergeben, wenn Kleinkinder verschiedenen Alters vor der gleichen Aufgabe stehen.
Es wurden dreierlei Versuche gemacht:
1. Eine Kiste, auf der begehrenswertes Spielzeug lag, konnte nur von zwei Kindern gemeinsam herangezogen werden. Da die Kiste für ein Kind zu schwer war, war die Zusammenarbeit für ein gemeinsames Ziel notwendig.
2. Die Kinder konnten mit einem Schieber dem anderen Kind ein Spielzeug zuschieben, es aber nicht zu sich heranholen. Es handelte sich also um eine gegenseitige Hilfeleistung.
3. Jedes Kind versuchte, mit einem Stock ein Spielzeug zu sich heranzuziehen. Es gelang aber nur dem Kind, das den längeren Stock hatte. Die Frage war nun, ob es dem anderen Kind seinen Stock auslieh, ihm also eine Hilfe leistete, ohne selbst Vorteile davon zu haben.

Die Versuche wurden mit 110 Kleinkindern im Alter von 1;11 bis zu 5;9 Jahren durchgeführt, sie kamen aus verschiedenen Heimen und Kindergärten. Die Versuchsleiter bauten die Versuche in ein natürliches Spielgeschehen ein, um die Situation möglichst biotisch zu gestalten, und sie bemühten sich, die Situation sehr locker zu halten, um eine feldsteuernde Wirkung durch den Versuchsleiter weitgehend zu vermeiden. Die Autoren kamen zu folgenden Ergebnissen:
Bei den vier- bis sechsjährigen Kindern sind in der Regel alle drei Versuche erfolgreich, auch der letzte, schwierigste Versuch. Die Kinder leihen meist spontan den langen Stock aus, wenn sie erkennen, daß der Partner Hilfe braucht. Der Kontakt besteht vor allem in sprachlicher Kommunikation, die Kinder geben sich Anweisungen und Ratschläge. – Wir finden also in dieser Altersgruppe „einen Typus des sozialen Verhaltens, in dem der Partner als Partner gesehen wird, auf seine Hilfsbedürftigkeit eingegangen wird, ihm Hilfe entweder spontan angeboten oder auf Anforde-

rung gewährt wird" (S. 261). Bei den jüngeren Kindern dieser Gruppe herrscht die Ich-Betonung des Verhaltens noch hier und da vor; bei den älteren kommt es bei der ersten Versuchsanordnung (Heranziehen der Kiste) gelegentlich vor, daß der persönliche Leistungsanspruch schon so dominiert, daß der Partner zuerst nicht herangelassen wird.
Den Drei- bis Vierjährigen gelingt die Zusammenarbeit weniger gut, „aber die Anfänge eines sozialen Feldes, in dem der Partner eine Rolle spielt, sind zu verzeichnen, wenn auch noch kein ständiges Miteinanderhandeln vorliegt, sondern nur aus der Situation heraus hier und da auf den Partner hin gehandelt wird" (S. 263). Der Austausch des langen Stockes gelingt meist nur, wenn der Versuchsleiter einen Anstoß gibt, aber dann wird der Stock auch zurückgereicht, wenn bei einer Wiederholung der Situation die Verhältnisse umgekehrt sind.
Bei den Zwei- bis Dreijährigen ist das kooperative Verhalten nur in Andeutungen aufzuweisen. Häufig wenden sich die Kinder beim Mißlingen an den Versuchsleiter, der zu Hilfe gerufen wird. Eine Ausnahme bilden Kinder, die es schon länger gewohnt sind, miteinander zu spielen.
Die Autoren machen darauf aufmerksam, daß es sich bei den geschilderten Verhaltensweisen „um eine Differenzierung der sozialen Haltung handelt, die zwar in einem Wirkungszusammenhang mit der allgemeinen geistigen Entwicklung des Kindes steht, aber doch von dieser zu trennen ist. Es handelt sich in den meisten Fällen nicht darum, daß der erfolgreiche Partner nicht übersieht, was dem anderen fehlt, sondern darum, daß er nicht oder nur sehr schwer bereit ist, dieser Einsicht entsprechend zu handeln" (S. 270).
Die Ergebnisse bei dreimaliger Wiederholung der Versuche sind von besonderem Interesse in Hinblick auf die Kindergartenarbeit, denn die Kinder kommen dort immer wieder in gleiche und ähnliche Situationen, in denen Zusammenarbeit erforderlich ist und geübt werden kann: Bei den Zwei- bis Dreijährigen ist der soziale Kontakt deutlich differenzierter geworden, und bei den Drei- bis Vierjährigen mißlingt bei der Wiederholung fast kein Versuch mehr, und Hilfen des Versuchsleiters führen zu dem Erfolg gemeinsamen Handelns. (Es wurde schon erwähnt, daß die Kinder den langen Stock ausleihen, wenn sie im früheren Versuch erfahren haben, wie ihnen der Partner half.)
Die Beachtung der erzieherischen Einflüsse und der familiären Situation (Einzelkind, Geschwister) führt zu der Schlußfolgerung, „daß die Entwicklung der Kooperation ein Ausdruck der Differenzierung der sozialen Haltung im Kleinkindalter ist, und zwar abhängig von der gesamten psychophysischen Reifung, aber auch deutlich beeinflußbar durch erzieherische Einwirkungen" (S. 278).

4. Beobachtungen von Spielgruppen im Kindergarten

Der Kindergarten bietet natürlich im Vergleich zu den Versuchsanordnungen eine Vielfalt von verschiedenen Situationen, die ein Kind zum gemeinsamen Spiel und zur Hilfe auffordern. Raum und Material machen es häufig notwendig, daß man teilt, abwechselt, Platz macht usw.; oft regt ein Spiel eines Kindes oder einer Gruppe ein anderes Kind an, sich zu beteiligen; Kontakte werden aufgenommen aus Sympathie zu einem anderen Kind, und Kinder, die miteinander befreundet sind, warten schon auf den Partner, um gemeinsam spielen zu können. Es zeigt sich eine Fülle von sozialen Verhaltensweisen, von ersten flüchtigen Berührungen im Parallelspiel bis zu einer geglückten Kooperation bei einem größeren Spielvorhaben. Dazu sollen einige Beobachtungen angeführt werden.

In den beiden folgenden Protokollen handelt es sich um das gleiche Thema: Ein allein spielendes Kind interessiert sich für eine Unternehmung anderer Kinder und beteiligt sich daran, in diesem Fall: es bringt ihnen Material. Im ersten Beispiel geschieht das wortlos und in einer flüchtigen Beziehung, im zweiten Beispiel in einem ausgebauteren Spiel mit älteren Kindern.

1. Uwe (3;10) sitzt mit Hans (4;3) an der Tür. Beide haben kleine Lastautos mit Bausteinen beladen. Uwe liegt auf der Erde, macht Autogeräusche nach, fährt an der Puppenecke vorbei. Er stößt Hans an, der protestiert, Uwe bleibt stehen. Hans: „Du brauchst hier nichts zu machen!" Uwe bleibt da, er sieht Sigrid (4;8) zu, die eine Puppe in den Puppenwagen setzt. Monika (3;3), die dabeisteht, ruft: „Du sollst hier weggehen!" Uwe läßt das Auto ein Stück weit fahren, kippt dann die Steine aus. Monika tritt mit den Füßen dagegen, schiebt ihm dann aber einige Steine zu, die in die Puppenecke gefallen waren. Er belädt nun auch das Auto, das Hans stehengelassen hat, und bringt es Hans, der wieder in der Bauecke ist. Hans baut einen sehr hohen Turm. Uwe läuft sechsmal mit Bausteinen zu ihm, sieht dann Peters Turm an und gibt die Steine nun abwechselnd Hans und Peter. — Peters Turm stürzt ein, Uwe schaut zu, dann fällt auch der Turm von Hans um. Uwe geht zurück zu seinem Auto.

2. Frank (4;9) fährt mit einem Schleppkahn im Raum umher. Dann belädt er ihn auf Anregung von Bernd (5;4) mit einer Lokomotive. Bernd: „Die bringst du alle nach uns. Wir haben ein großes Lager." Frank wendet, fährt hinter Bernd her. Er bringt die Lokomotive zu Doris (5;6), die das „Lager" baut, sie sagt: „Danke. Du kannst auch mitmachen meinetwegen." Frank fährt wieder zum Spielschrank, belädt den Kahn mit einem Auto, fährt zurück zu Doris. So fährt er einige Male hin und her, bis keine Autos mehr im Schrank sind. Er fährt zurück, legt sich neben Bernd auf den Bauch und sieht zu. Doris bringt ihm einen Transporter für Autos: „Das können wir auch noch gebrauchen." Frank hängt ihn an seinen Kahn, lacht, fährt weiter.

Das erste Beispiel zeigt, wie genau man beobachten muß, um bei jüngeren Kindern die noch flüchtigen sozialen Kontakte zu erfassen und zu verstehen. Die Erzieherin könnte meinen, daß soziale Beziehungen dieser Art noch nicht von Bedeutung seien, und sie wird sich dann bemühen, die Kinder möglichst rasch zu einem kooperativen Spiel zu führen. Dabei wird dann aber übersehen, was sich in einem Zusammensein der Kinder in der oben geschilderten Art tatsächlich abspielt und wie wichtig die Anfänge des sozialen Handelns sind. Schon aus diesem kurzen Protokoll kann dreierlei hervorgehoben werden:

a) In dem zu kleinen Spielzimmer stößt ein Kind ein anderes an, das nun aber nicht mit einem Puff oder anderen Handgreiflichkeiten reagiert, sondern verbal, mit einem Protest. (In diesem Zusammenhang hat es nicht viel Bedeutung, wenn Kinder rufen: „Du sollst hier weggehen!“ oder: „Du darfst nicht mitmachen!“ In dem angeführten Beispiel hat das auch keine weiteren Folgen; Monika schiebt Uwe, den sie gerade noch weggeschickt hatte, das Spielzeug zu, und Uwe bringt Hans, mit dem er zusammengestoßen war, Material zum Bauen.)

b) In einem Parallelspiel bestehen meist vielfältige Beziehungen zwischen den Kindern: das eine Kind beobachtet, was das andere tut, es wird von dem anderen angeregt, nähert sich ihm oder zieht sich zurück usw. Uwe und Hans spielten zuerst mit ihren Autos „nebeneinander“, aber Uwe nahm dabei durchaus wahr, was Hans tat und womit er spielte, denn als er dann das stehengebliebene Auto von Hans findet, belädt er es wieder, wie Hans es vorher getan hatte, und bringt es ihm – vielleicht sogar mit dem Wunsch, das Spiel mit dem „Partner“ fortzusetzen, der genau wie er sein Auto mit Motorengeheul und Hupen hatte fahren lassen.

c) Ein Kind interessiert sich für die Arbeit eines älteren Spielgefährten und beteiligt sich daran: Uwe sieht, daß Hans einen hohen Turm baut; ohne dazu aufgefordert zu werden, läuft Uwe hin und her und bringt Bausteine. Diese Hilfeleistung ist wohl vor allem in einem sachlichen Interesse begründet – bis zu welcher Höhe kann der Turm noch gebaut werden, ohne einzustürzen? – und gilt weniger Hans persönlich, denn als Uwe sieht, daß auch Peter einen Turm baut, bringt er ihnen abwechselnd die Bausteine. Das alles geschieht noch wortlos; auch als der Turm einstürzt, wird das nicht kommentiert, bedauert, begründet, wie es meist bei älteren Kindern der Fall ist: „Der Turm war schief“, „Du hättest das anders machen müssen ...“

In dem zweiten Beispiel verläuft der gleiche Vorgang (ein Kind bringt anderen Material zum Bauen) schon wesentlich anders: Es wird erklärt, was man vorhat („wir bauen ein großes Lager“), der Partner bedankt sich sogar und lädt zum Mitspielen ein („danke; du kannst auch mitmachen"), er gibt Anregungen („das können wir auch noch gebrauchen"). Das stimmt überein mit den Ergebnissen aus der Untersuchung von K. GOTTSCHALDT und CH. FRÜHAUF-ZIEGLER (Kap. I, 3): Die älteren Kinder finden in der Regel zu einer Zusammenarbeit, sie geben sich Anweisungen und Ratschläge; bei den jüngeren (wie im ersten Protokoll) wird dagegen anfänglich nur aus der Situation heraus hier und da auf den Partner hin gehandelt.

Wenn zwei Kinder dasselbe Spielzeug gewählt haben, sind die Konfliktmöglichkeiten sehr viel größer, als wenn sie vom Parallelspiel aus zu einem gemeinsamen Spiel finden. In dem folgenden Protokoll versuchen zwei Kinder, sich in dasselbe Spielmaterial zu teilen; es handelt sich hier um einen Jungen (3;0), der erst seit sieben Tagen im Kindergarten ist, und ein Mädchen, das ihm an Alter und Kindergartenerfahrung überlegen ist (3;11, seit fünf Monaten im Kindergarten).

Michael (3;0) sitzt mit Ruth (3;11) über Eck am Tisch, vor ihnen steht ein Holzstall mit der Öffnung zu Michael hin. Sie haben fünf Tiere, Pferde und Kühe, Ruth hat vier davon. Michael: „Die werden alle naß, die Pferde." Er läßt seine Kuh um den Stall herumgehen, stellt sie dann neben Ruths Tiere. „Gib mir das hier", er deutet auf ein anderes Tier. Ruth tut es nicht, sie hat jetzt alle Tiere. Während Michael für einen Moment zu einem anderen Kind hinübergeht, dreht Ruth den Stall zu sich hin. Michael kommt wieder, dreht ihn zurück, Ruth wieder zu sich hin, Michael erneut zurück und hält ihn fest. Ruth dreht ihn trotzdem herum: „Ich kann ja nicht spielen!" Sie gibt ihm die Kuh. Michael läßt sie quiekend auf dem Tisch herumgehen. Ruth hat ihre vier Tiere in den Stall gestellt: „Komm, hier herein." Michael stellt die Kuh dazu, sieht sie durch die Öffnung der Futterraufe von vorn an, lacht, nimmt sie heraus. Ruth: „Es regnet, mach deine rein." — Das Spiel geht weiter mit Hinein- und Herausstellen der Tiere. Ruth hat immer vier davon, manchmal auch noch die Kuh. Michael protestiert nicht, nur einmal, als Ruth die Kuh nehmen will, versteckt er sie hinter seinem Rücken. — Die Erzieherin sagt den Kindern, sie möchten aufräumen. Ruth will auch seine Kuh wegstellen, Michael verweigert das und tut es selbst. — Er steht auf, nimmt den Daumen in den Mund, sieht bei den anderen Kindern zu. Er schiebt Stühle an den Tisch, dann sieht er, daß an einer Tischseite drei Stühle stehen, an der anderen nur ein Stuhl, er holt einen herüber.

Die Spielidee ist hier noch sehr begrenzt: Die Tiere werden aus dem Stall geholt und wieder hineingestellt, „weil es regnet". Wichtiger als das gemeinsame Spiel ist für die Kinder das Abgrenzen der gegenseitigen Kompetenzen: Wer hat den Stall vor sich stehen? Wieviel Tiere hat jedes Kind? Michael muß sich meist gegen die Übergriffe des älteren Kindes wehren, aber bei diesen beiden Kindern kommt es zu keinem länger andauernden Streit, und es wird auch nicht die Erzieherin zu Hilfe geholt, denn Michael begnügt sich schließlich mit einem einzigen Tier, das er zum Schluß aber

auch verteidigt, und Ruth duldet eine Beteiligung des Jüngeren in diesem eingegrenzten Maß. – Michael setzt später, nach Beendigung des Spiels, einen Stuhl an die andere Tischseite, damit an jeder Seite zwei Stühle stehen (s. Protokoll) – hier ist eine „gerechte" Verteilung gut durchzuführen, bei einem Spielgefährten hingegen, der alles selbst haben möchte, gelingt das nicht so leicht!
Die Kinder lernen erst allmählich, Spielzeug aufzuteilen, damit abzuwechseln oder etwas auszuleihen.

Als Beispiel kann hier eine Untersuchung von W. JOËL angeführt werden, in der 467 Kinder im Alter von 1;8 bis 4;10 Jahren von ihren Erzieherinnen nach verschiedenen Gesichtspunkten in einer Tabelle eingestuft wurden. Zu Punkt 18 „Versteht das Kind den Standpunkt eines anderen?" wurden folgende Angaben gemacht:

Zahl der Kinder	durchschnittl. Alter	
57	4;1	1. Das Kind verhält sich freiwillig in fairer Weise, sogar da, wo es selbst nachteilig davon betroffen wird (es wechselt mit anderen ab, schließt sich nicht aus, teilt sogar Lieblingsspielzeug mit anderen, selbst mit Kindern, die nicht seine besonderen Freunde sind).
98	4;3	2. Wechselt freiwillig mit anderen ab usw., nur mit Freunden.
210	3;7	3. Ist bereit, mit anderen abzuwechseln, doch nur, wenn es von einem Erwachsenen daran erinnert wird.
75	3;9	4. Wenn es von Erwachsenen daran erinnert wird, schmollt es, aber wechselt ab etc.
27	3;4	5. Wenn es von Erwachsenen erinnert wird, weigert es sich, mit anderen abzuwechseln (streitet, weint, ist aufgebracht usw.).

Oft schränkt ein Kind seine Wünsche nur ein, weil der benachteiligte Partner seinen Anspruch protestierend oder mit Handgreiflichkeiten geltend macht, aber es kann auch spontan Verzicht leisten, wenn ihm das Zusammenspiel wichtiger ist als der Alleinbesitz eines begehrten Gegenstandes oder wenn es einem bestimmten Partner etwas zuliebe tun will. Allmählich übernimmt das Kind aber auch die „Regeln" des gemeinsamen Spielens, wenn es sie durch Vermittlung der Erzieherin oder anderer Kinder immer wieder erfährt, z. B. wird etwas gerecht aufgeteilt und der Partner fair behandelt und nicht übervorteilt, man leiht etwas aus usw. (In der Untersuchung von K. GOTTSCHALDT und Ch. FRÜHAUF-ZIEGLER liehen auch die jüngeren Kinder den langen Stock aus, der gebraucht wurde, um ein Spielzeug heranzuziehen, wenn sie erlebt hatten, daß der

Partner ihnen bei einem früheren Versuch ebenfalls den Stock gegeben hatte.)

Das Erlernen der uns so einfach erscheinenden Formen wie Teilen, Abwechseln, Ausleihen erfordert auch Einsicht in die Situation; so hat ein Kind zum Beispiel zuerst noch eine ungenügende Vorstellung von der Zeit und der Zukunft, und ein Spielzeug dann auch nur für fünf Minuten abzugeben, ist wie ein Verlust. – Im folgenden Beispiel wird zwar ein Gegenstand von selbst großzügig angeboten, aber die Folgen sind nicht bedacht worden:

Spiel im Sandkasten. Uli (4;4) und Claudia (4;4) bauen eine Burg, Martin (3;9) schippt in ihrer Nähe, Petra (3;11) sitzt am Rand und siebt Sand durch. — Claudia fragt die Erzieherin, ob sie noch einen Löffel habe, diese verneint. Martin zeigt den seinen: „Hier ist ein Löffel, kann Claudia meinen haben." Uli: „Claudia kann Martins Löffel haben; Claudia, willst du Martin seinen?" Claudia nickt, Uli nimmt Martins Löffel und gibt ihn Claudia. Martin ruft: „Ich will doch einen haben!" Er wiederholt das viele Male. Claudia geht ein Stück weg, sie sagt zu Uli: „Paß auf, daß er mir den nicht wegnimmt." Martin: „Ich möchte den Löffel haben!" Petra: „Ich suche mal. Martin, guck, willst du so was haben? Claudia, halt mal meinen Löffel fest, damit Martin ihn nicht wegnimmt." Sie bringt Martin ein Förmchen. – Nach einer kurzen Zeit: Uli sieht zu Martin herüber, sagt: „Soll ich dir das neu machen?" Uli setzt mit Martins Förmchen einen Kuchen auf den Rand des Sandkastens, Martin sieht zu und gibt ihm mit den Händen Sand für das Förmchen.

Ob die Hilfeleistung Ulis im Zusammenhang mit der vorigen Szene steht und ein Trost sein soll, ist nicht sicher, aber doch wohl anzunehmen. – Hier wird eine Situation gezeigt, die mit dazu beiträgt, daß ein Kind die sozialen Spielregeln in einer Kindergruppe lernt: Die anderen Kinder geben den Löffel nicht zurück (wie es ein mitleidiger Erwachsener oder auch ein älteres Kind leicht tut), das Kind lernt also, daß ein Angebot, das es macht, ein Versprechen, das es gibt, Konsequenzen haben.

In einem letzten Beispiel gelingt es drei Kindern trotz einiger kritischer Situationen, die im folgenden wiedergegeben werden, einen umfassenderen Plan (Bau einer Kirche) zu verwirklichen. Es handelt sich um Auszüge aus demselben Protokoll, von dem in Kap. V, 4b weitere Stellen angeführt werden. Hier werden nur die Momente wiedergegeben, in denen bei dem umfangreichen Bau etwas einstürzt.

Volker (6;6) erklärt, wo Fenster hinkommen sollen. Sebastian (6;0) nimmt Steine aus Volkers Kasten, der ihm gerade am nächsten steht. Volker: „Es ist egal, woraus wir nehmen, Hauptsache, wir haben Bauklötze." Er beugt sich vor, um Steine aus Sebastians Kasten zu nehmen, dabei reißt er die Mauer an seiner Seite ein. Er kaspert herum und redet ...

Volker sieht im Zimmer umher, er kippt sein Fenster um. Volker zeigt auf Sebastian: „Der da!" Werner (5;6): „Du warst es, lüg nicht so!" ...

Die drei überlegen, wie der Bau weitergehen soll. Volker: „Ich hab das so gemacht, so macht man das.“ Beim Gestikulieren stößt er gegen den Tisch, ein Teil der Kirche stürzt ein. Werner: „So, Volker, das baust du wieder auf.“ Volker: „Du hast auch gestoßen.“ Sie versuchen sich gegenseitig zu überzeugen, wer gestoßen hat. Dann verteidigt sich Volker, er habe nur gegen den Stuhl gestoßen und der sei gegen den Tisch gerückt. Werner: „Na gut, da helfen wir dir ein bißchen. Wir machen das wieder so, wie es vorher war.“ ...
Werner: „Es wird alles verbessert, Sebastian, hilf doch mal mit beim Verbessern.“ ...
Werner stößt einen Teil der Mauer ein, er baut sie wieder auf. Werner: „Wir machen doch die Bäume raus, die fallen am leichtesten um.“ Werner und Volker decken wieder das Dach ab, Sebastian zieht einen Baum vor. Werner: „Hier geht der nicht durch.“ Er schiebt den Baum durch eine größere Öffnung hinaus.

Es handelt sich hier um ein kooperatives Spiel, das sich über eine längere Zeit erstreckt: Die Kinder haben ihr Bauwerk nach 70 Minuten vollendet. Sie haben gemeinsam geplant, daß sie eine Kirche bauen wollen, sie setzen sich darüber auseinander, ob der Turm rund oder eckig sein solle usw. Allerdings sind die drei Kinder dann in unterschiedlicher Weise an der Durchführung beteiligt. Volker ist zwar sehr eifrig bei der Arbeit im Gegensatz zu Sebastian, der oft abgelenkt ist, aber er ist unruhig und fahrig, dadurch verursacht er verschiedene Störungen. Hier ist es immer wieder Werner, der als Schiedsrichter eingreift und als Spielleiter die gemeinsame Arbeit beständig fortsetzt. Da alle drei Kinder sich aber auch an dem, was sie schon erreicht haben, freuen, fällt die Spielgruppe nicht auseinander, bis sie endlich in der fertigen Kirche stolz eine Glocke aufhängen können.
In Spielen dieser Art sind die sozialen Beziehungen der Kinder wesentlich erweitert und differenziert worden im Vergleich zu dem Umgang zwischen jüngeren (oder in sozialer Hinsicht unerfahrenen) Kindern. Aus den einfachen Formen in den sozialen Beziehungen zwischen den jüngeren Kindern, wie sie in den Protokollen in diesem Kapitel gezeigt wurden: der wortlosen, nur kurze Zeit dauernden Spielbeteiligung und Hilfe Uwes, der Bausteine für den Turmbau bringt, der noch ängstlichen Verteidigung von Michael, der von fünf Holztieren wenigstens eins behalten möchte, während Ruth alles selbst haben will, den Klagen von Martin, der das Spielzeug, das er gerade selbst angeboten hat, nun doch wiederhaben will, entwickeln sich allmählich mit zunehmender psychophysischer Reifung und bei geeigneter pädagogischer Führung vielfältigere und differenziertere soziale Verhaltensweisen. Das Kind stellt sich einfühlender auf den Partner ein, das Spiel wird konzentrierter und beständiger, für bestimmte Situationen gelten für alle die gleichen Normen, Konflikte werden auch schon selbständig gelöst. Zur Verdeutlichung soll eine Szene aus dem letzten Protokoll herangezogen werden: Volker will den Vorwurf, er

habe an den Tisch gestoßen und damit einen Teil der Kirche zum Einsturz gebracht, zuerst von sich abwälzen; schließlich findet er einen „mildernden Umstand": er sei nur gegen den Stuhl gestoßen und der sei gegen den Tisch gerückt. Werner, der gefordert hatte, daß Volker alles wieder allein in Ordnung bringen müsse, gibt nun nach: „Na gut, da helfen wir dir ein bißchen. Wir machen das wieder so, wie es vorher war." – Aus dem Protokoll und besonders aus dieser Szene kann gefolgert werden:

a) In der gemeinsamen Tätigkeit gilt eine bestimmte Norm: ‚Wer etwas zerstört, muß es selbst wieder aufbauen.' (Eine andere Regel: ‚Jeder holt sein Material zur Arbeit selbst und nimmt dem anderen nichts weg', wird hier als unnötig fallengelassen, da man ja am gleichen Projekt baut. So erklärt Volker, als Sebastian aus Volkers Kasten Bausteine nimmt, das sei egal, die Hauptsache sei, sie hätten Steine. Trotz dieser Erklärung ist es ihm aber doch nicht ganz recht, denn er nimmt nun Steine aus Sebastians Kasten, obwohl dieser weiter von ihm entfernt steht.)

b) Werner fordert zwar die Einhaltung der Norm, aber er gibt dann auf die Entschuldigungen hin nach, entweder weil er die Arbeit möglichst rasch fortsetzen will oder weil ihm Volker leid tut. Jedenfalls wird der Konflikt so gelöst, daß die Spielgruppe bei ihrem Arbeitsplan bleibt und nicht auseinanderfällt.

c) In der kleinen Spielgruppe beginnt ein Prozeß, in dem sich verschiedene Rollen und eine Arbeitsteilung herausdifferenzieren. Ziemlich eindeutig ist Werner der Schiedsrichter und Spielführer.

Auch die gefühlsmäßigen Beziehungen wie Zuneigung, Eifersucht, Wetteifer usw. differenzieren sich mit zunehmendem Alter und treten deutlicher hervor; sie finden meist einen viel spontaneren Ausdruck als im Zusammenleben der Erwachsenen. Mit diesen Erscheinungen befassen sich die nächsten Kapitel.

5. Sympathie und Freundschaft

Schon Kinder unter drei Jahren zeigen Vorlieben und Abneigungen gegenüber anderen Kindern, aber ausgeprägter und häufiger werden die gegenseitigen Sympathien und Freundschaften mit zunehmendem Alter. Allerdings ist es noch kein Erkennungszeichen für freundschaftliche, auf persönlicher Zuneigung beruhende Beziehungen zwischen Kindern, wenn man sie häufig zusammen sieht, denn vermehrte Kontakte zwischen bestimmten Kindern können sehr verschieden motiviert sein:

1. Die Wahl immer desselben Kindes zu einer bestimmten Beschäftigung, zum Beispiel als Partner zum Spazierengehen, kann seine Ursache in dem „Ordnungssinn“ der Kleinkinder haben, die oft sehr darauf bedacht sind, daß alles seinen geregelten Gang geht, also dafür sorgen, daß eine bestimmte Reihenfolge eingehalten wird usw. So können sie auch anderen Kindern immer dieselbe Rolle zuweisen: das ist das Kind, mit dem ich spazierengehe... (Erich Stern 1923). Das häufige Zusammensein ist dann nicht (oder nur in zweiter Linie) durch gegenseitige Sympathie motiviert, sondern hat seine Grundlage in einer Ordnungsbeziehung.
2. Andere Beziehungen gehen nicht von den Kindern aus, sondern werden von den Erwachsenen gefördert, zum Beispiel von den Eltern, die sich freuen, in der Kindergartengruppe ein Kind zu finden, das ihrer Meinung nach besonders gut zu ihrem Kind paßt; sie laden es zu sich ein usw. Auch die Erzieherin kann (z. B. durch eine Aufgaben- oder eine Platzverteilung) die Bildung von kleinen Gruppen beeinflussen, wenn sie sich dadurch einen günstigen Einfluß auf die beteiligten Kinder erhofft.
3. Spontane Annäherungsversuche eines Kindes können durch äußere Vorzüge des anderen Kindes bedingt sein, das wegen seiner schönen Kleidung oder seiner Locken bewundert wird oder dessen Gesellschaft man sucht, weil es der Besitzer eines besonders begehrten Spielzeugs ist.
4. Andere Motive, ein Kind zu umwerben, können in der Stellung der betreffenden Kinder in der Gruppe gesucht werden. So kann sich zum Beispiel ein Kind, das sich in der Gruppe zurückgesetzt fühlt, intensiv einem Neuling im Kindergarten zuwenden, um ihn für sich zu erobern; ein anderes bemüht sich um ein besonders beliebtes Kind, um durch dessen Ansehen selbst etwas zu gewinnen.
5. Kinder, die hervortreten und beherrschen wollen, finden treue Gefolgsleute in Spielkameraden, die sich gern unterordnen und sich beschützen lassen möchten.
6. Kinder haben gemeinsame Interessen; einige bauen besonders gern und finden sich immer wieder in der Bauecke zusammen, andere interessieren sich eine Zeitlang für eine neu eingeführte Technik wie Weben usw.
7. Die Beziehungen, die aus einem der oben angeführten Gründe entstanden sind, können auch in Sympathie und Freundschaft übergehen, denn häufige Interaktionen, wie sie sich z. B. durch eine gemeinsame Tätigkeit ergeben, können Sympathien hervorrufen, und gegenseitige Sympathien können dann wiederum die Interaktionen vermehren (vgl. Homans 1965). Es kommt aber auch häufig vor, daß Kinder spontan füreinander Zuneigung empfinden und sich daher miteinander befreunden.

Dieser letzte Punkt soll ausführlicher behandelt werden, denn es wird häufig angezweifelt, daß es auch schon freundschaftliche Beziehungen zwischen Kindern gibt, die nicht nur auf Gewohnheit oder äußeren Gegebenheiten beruhen oder nur für den Augenblick gelten. H. R. MARSHALL und B. R. McCANDLESS stellen dagegen fest: „Wer Kinder im Vorschulalter jedoch sehr gut kennt, hält sie nicht nur für fähig, sondern sogar für prädestiniert, ziemlich feste und scharfsichtig ausgewählte Freundschaften einzugehen" (1957 a, 149).

Im Kindergarten kann man gut beobachten, wie Freundschaften entstehen und welchen Verlauf sie nehmen. Zwei Protokolle sollen zuerst zeigen, wie Kinder Kontakte aufnehmen oder einen Kontaktversuch abwehren. Im ersten Fall handelt es sich um zwei Mädchen, die still und etwas schüchtern sind (vgl. unten ihr Verhalten gegenüber Annette). Bisher werden sie noch nicht oder nur sehr wenig zusammen gespielt haben, denn Monika ist erst seit 14 Tagen im Kindergarten, und Sabine spielt meist mit einem anderen Mädchen zusammen, das aber an diesem Tag fehlt.

Monika (5;0) sitzt am Tisch und spielt mit Muggelsteinen, ihr gegenüber sitzen Annette, Elke und Karin mit einem Angelspiel. Die Erzieherin schickt Sabine (4;7), die sich auch Muggelsteine geholt hat, an denselben Tisch, sie setzt sich neben Monika. Monika zeigt auf ihr Haus, das sie gelegt hat. Dann sieht sie beim Angelspiel zu, wiederholt den Satz, den der Sieger singt: „Ich hab gewonnen!" Sie reibt sich die Augen, redet sich selbst zu: „So, da will ich mal anfangen." — Monika redet leise mit Sabine, Sabine erzählt ihr etwas, sie hört zu, lächelt. Monika nimmt dann die Hände auf den Rücken, versteckt in einer einen Stein und beginnt das Spiel: „Pinke pank, wo ist der Schrank, unten oder oben?" Sabine rät richtig, spielt nun und läßt Monika raten. Annette (5;11) kennt den Vers in etwas anderer Form und singt ihn laut und bestimmt. Monika singt jetzt ganz leise, spielt aber weiter. Sabine kommt dran, Annette singt wieder ihren Vers, beide hören zu, spielen dann weiter. Beim nächsten Mal rät Sabine nicht, beide lachen, Monika gibt ihr trotzdem den Stein. Dann räumen beide die Muggelsteine ein, sie gehen zum Spielschrank und holen Legestäbchen. Sie sehen sich an, lächeln und gehen auf ihren Platz.

Es ist offensichtlich, daß sich die beiden Mädchen – nachdem sie durch Zufall an denselben Tisch gekommen waren – nicht aneinander anschließen, weil die eine an der Tätigkeit der anderen teilnehmen möchte; im Vordergrund steht vielmehr die persönliche Zuwendung. – Das zweite Protokoll verläuft hingegen völlig anders:

Heike (4;5) spielt mit Muggelsteinen, ebenso Renate; Andrea zieht Perlen auf. Heinz (5;3) stellt sich neben Heike, bastelt an seinem Trecker herum, ruft: „Wieder ein Rad verloren!" Heike sieht zu, wie er das Fahrzeug auseinandernimmt, sie fragt ihn etwas, sagt dann: „Mach mir nicht alles kaputt!", auf ihr aus Muggelsteinen gelegtes Haus deutend. Heinz zu Heike, auf Renate weisend: „Die macht dir alles nach." Heike zu Renate, wiederholend: „Du machst mir alles nach. — Du machst mir doch nicht alles nach, nicht? Der hat das gesagt." Sie schiebt Heinz etwas zur Seite: „Mach mir nichts kaputt." Sie legt den Arm vor ihr Haus. Heinz (gekränkt): „Du bist richtig häßlich." Heike: „Sei still." Sie legt wieder Steine hin, dann räumt sie sie weg und will in die Puppenecke. Die Erzieherin sagt, man müsse bald in den Waschraum, sie solle nichts mehr anfangen. Heike setzt sich wieder an ihren alten Platz und sieht den anderen zu. Heinz setzt sich neben sie. Heike legt den Kopf auf die Arme. Heinz will mit ihr spielen: „pinke pank", Heike antwortet nicht. Heinz singt noch einmal und fordert dann auf: „Du mußt raten." Heike reagiert auch jetzt nicht.

Heinz, ein mehr am Rande der Gruppe stehendes Kind, versucht also mit einer gewissen Beharrlichkeit, mit Heike in Kontakt zu kommen – nachdem es ihm weder gelungen ist, Heikes Interesse für sein neues Spielzeug zu erwecken, noch, eine gewisse Gemeinsamkeit zwischen Heike und sich durch eine negative Kritik an einem anderen Kind zu erreichen („Renate macht dir alles nach"), probiert er es schließlich mit dem bei den Kindern gerade sehr beliebten Spiel „Pinke pank" (wie im ersten Protokoll), aber auch das bleibt erfolglos. – Beispiele dieser Art zeigen, daß Kindergartenkinder durchaus bestimmte Kinder ihrer Gruppe bevorzugen und sich anderen gegenüber gleichgültig oder ablehnend verhalten und daß sie ihre Freundschaften nicht wahllos eingehen.
Sympathie für ein anderes Kind kann sich in sehr unterschiedlicher Art äußern, vor allem bei den jüngeren Kindergartenkindern wird sie für den Außenstehenden oft kaum sichtbar. Hier bemühen sich zwei Kinder, ein jüngeres und ein älteres, um ein drittes Kind:

Angelika (3;4) hatte einige Tage gefehlt, sie ist heute zum ersten Mal wieder da. Sie kommt in den Raum, Heike (3;1) geht auf sie zu und sagt: „Du kannst mitspielen." Beide sitzen dicht nebeneinander am Tisch mit einem Baukasten, jeder baut für sich. — Bärbel (5;5) kommt herein, ruft freudig „Angelika!" und nimmt sie in den Arm. Heike ruft: „Laß sie!" — Karin (6;1) kommt auf Bärbel zu, sie gehen zum Schrank und holen Muggelsteine. Sie setzen sich zu Angelika und Heike an den Tisch, Bärbel setzt sich neben Angelika und legt den Arm um sie. Bärbel: „Wir machen zusammen einen Stern." Karin und Bärbel legen ihn gemeinsam, Angelika reicht Bärbel die Steine zu.

Wir sehen sehr gut die Unterschiede zwischen jüngeren und älteren Kindern: Heike (3;1) freut sich, daß Angelika wieder da ist, aber versteht es noch nicht, ihr Gefühl auszudrücken, im Gegensatz zu Bärbel (5;5), die die Kleinere (zu Heikes Kummer) freudig in den Arm nimmt und sie auch gleich in ihr Spiel mit einbezieht, während die beiden Jüngeren vorher nebeneinander gespielt hatten.
Daß Freundschaften zwischen Kindergartenkindern nicht nur einen situativen Charakter zu haben brauchen, sondern länger andauern und sich auch in Belastungen bewähren können, wird besonders deutlich in einem

Experiment von R. G. Barker, T. Dembo, K. Lewin und E. Wrigth (1947). Sie untersuchten das Verhalten zwei- bis sechsjähriger Kindergartenkinder (30 Kinder einzeln, 78 Kinder paarweise) in einer Frustrations-Situation: Zuerst spielten die Kinder in einem Raum, in dem ihnen bestimmtes Spielzeug zur Verfügung stand; in einer zweiten Phase der Untersuchung waren die Bedingungen dieselben – mit einer wichtigen Ausnahme: die Kinder konnten zusätzliches, begehrenswertes Spielzeug sehen, aber nicht erreichen. Interessant in unserem Zusammenhang ist nun der Teil der Untersuchung, der die Frage prüft, ob miteinander befreundete Kinder sich in dieser Situation anders verhalten als nicht befreundete. 18 Paare der Kinder wurden als enge Freunde bezeichnet, 21 Paare als wenig befreundet. In der ersten Phase der Untersuchung fanden sich kaum Unterschiede im sozialen Verhalten, dagegen nahmen in der Frustrationsperiode bei den befreundeten Kindern (im Gegensatz zu den anderen Paaren) die Kooperation zu und die Konflikte ab (signifikante Unterschiede); im Verhältnis zum Versuchsleiter nahmen bei den Freunden die freundlichen Kontakte ab und feindselige Haltungen zu. Die Vielfalt und Komplexität des intellektuellen und sozialen Verhaltens wurde in der Frustrationsperiode bei *allen* Kindern reduziert, aber die grundlegende Struktur der zwischenmenschlichen Beziehungen blieb erhalten – in diesem Fall die Freundschaft zwischen den Kindern. K. Lewin schreibt dazu an anderer Stelle: „Enge Freundespaare ... sind weniger leicht zu enttäuschen als Kinderpaare, die nicht befreundet sind. Ihre größere Widerstandskraft gegenüber einer Wunschversagung scheint auf das Gefühl einer größeren Sicherheit unter Freunden zurückzugehen" (Lewin 1953, 163).

Ein Kind fühlt sich in der Kindergartengruppe glücklicher und sicherer, wenn es freundschaftliche Beziehungen zu einem oder zu mehreren Kindern hat. Aus dieser Sicherheit heraus kann es sich aufgeschlossener und mit größerer Lockerheit auf die anderen Kinder einstellen als ein Kind, das sich vereinsamt oder zurückgesetzt fühlt, und sein Entgegenkommen verbessert wiederum seine Stellung in der Gruppe. Außerdem entwickeln sich bestimmte soziale Verhaltensweisen auch am leichtesten in diesen von Sympathien getragenen Beziehungen und werden dort eingeübt: dem Freund zuliebe verzichtet man auf etwas, man hilft ihm, verteidigt ihn usw.

Wie bedeutungsvoll eine Freundschaft für ein Kind sein kann und wie sehr es in seinem ganzen Verhalten durch sie beeinflußt wird, schildert L. B. Murphy. Ein Kind, Saul, das am Rande der Gruppe stand und ein halbes Jahr lang keine befriedigenden Beziehungen zu anderen Kindern entwickeln konnte, befreundete sich mit Gwen, kurz nachdem sie in den Kindergarten eingetreten war. Die Freundschaft dauerte einige Monate und war für beide Kinder ein „Sprungbrett" für konstruktivere und reichere soziale Beziehungen. Aus dieser Zeit wird ein Protokoll wiedergegeben, wie Saul (damals 3;11), der vorher kaum einmal Mitgefühl mit einem anderen Kind gezeigt hatte, Gwen (4;1) teilnahmsvoll tröstete, als sie von einem anderen Kind umgestoßen worden war, und zwar in einer Art, wie er es oft bei der Erzieherin gesehen hatte (MURPHY 1947, 254).

Die Erzieherin sollte daher ihre Arbeit daraufhin durchdenken, ob sie den Kindern genügend Möglichkeiten gibt, Kontakte aufzunehmen und sich nach den eigenen Wünschen zueinander zu gesellen, so daß sich Freundschaften entwickeln können. Aber nicht in jedem Fall sind die engeren Kontakte zwischen Kindern wünschenswert, und es wird dann sogar zu einer wesentlichen pädagogischen Aufgabe, die Beziehungen zwischen Kindern aufzulockern oder sie in anderen Fällen soweit wie möglich zu lösen. Kinder können sich in einer fast ausschließlichen Beziehung aneinander anschließen, oder sie werden, wie es bei Geschwistern, besonders bei Zwillingen, und bei Nachbarskindern der Fall sein kann, schon mit einer sehr starken gegenseitigen Bezogenheit in die Gruppe aufgenommen; die übrigen Kinder sind dabei für sie weitgehend bedeutungslos. Die sozialen Beziehungen werden in diesen „Zweiersystemen“ zwar einseitig intensiviert, insgesamt gesehen aber verarmen sie. Hier ist es notwendig, den Kindern behutsam zu einer gewissen Ablösung und einer größeren Selbständigkeit zu verhelfen, indem man versucht, ihnen auch andere soziale Beziehungen zu vermitteln und sie in ihrer Persönlichkeitsentwicklung zu unterstützen.

In manchen Fällen ziehen sich befreundete Kinder nicht nur von den Kameraden zurück, sondern beeinflussen sich auch höchst nachteilig. Sie sind zum Beispiel – und zwar nur, wenn sie mit diesem bestimmten Partner zusammen sind – übererregt, sie toben und albern derartig, daß die ganze Gruppe beunruhigt wird; in einem anderen Fall wird ein Kind von seinem Partner in hohem Maße abhängig, oder beide Kinder bestärken sich darin, andere Kinder in der Gruppe zu ärgern und auszulachen. – Einige dieser Freundschaften klingen von selbst ab und würden durch die Bemühungen der Erzieherin, die Kinder abzulenken, vielleicht nur unnötig dramatisiert. Andere sind sogar als ein notwendiges Durchgangsstadium anzusehen, zum Beispiel, wenn sich ein ängstliches Kind an einen „Raufbold“ anschließt, weil es allein nicht den Mut aufbringt, aus seiner Bravheit einmal auszubrechen oder der Raufbold selber den treuen Gefolgsmann brauchen kann und seine Anerkennung genießt. Wieder andere Freundschaften bestehen aber über eine längere Zeit hinweg und machen die Vermittlung des Erwachsenen notwendig, wenn die Kinder nicht in ihrer Entwicklung beeinträchtigt werden sollen. Die Erzieherin steht in solchen Fällen, in denen sie meint, im Interesse der Kinder helfend eingreifen zu müssen, vor schwierigen pädagogischen Aufgaben. Besonders die erotisch gefärbten Freundschaften, die auch zwischen Kindergartenkindern entstehen können, sind wegen der Intensität der beteiligten Gefühle nur schwer erzieherisch zu beeinflussen. Sie können auch in Formen auftreten, die sich für keines der Kinder nachteilig auswirken, zum Beispiel, wenn ein Mädchen von einem oder mehreren Jungen mit besonderem Eifer und Ritterlichkeit umworben wird. Aber in anderen Fällen kann eine erotisch gefärbte Freundschaft auch dazu führen, daß starke Eifersucht, Kampf um den Alleinbesitz, Abhängigkeiten auftreten. Oft werden auch Zärtlichkeiten gesucht, und es kann zu onanistischen Spielereien kommen; die Kinder sind übererregt und leiden unter der Heftigkeit ihrer Gefühle.

Um das Problem der Freundschaften mit negativen Auswirkungen zu verdeutlichen, soll ein von EDITH BRAUN (1936) geschilderter Fall referiert werden:
Eva, fünfeinhalb Jahre alt, war ein hübsches und ungewöhnlich eitles Kind, das von den Eltern in seiner Eitelkeit noch bestärkt wurde. Susi war ein halbes Jahr jünger und hatte ein offenes, kindliches Wesen. Als sie aus einer anderen Gruppe in die von Eva gekommen war, zeigte es sich, nachdem die Freundschaft in den ersten Wochen unauffällig blieb, „daß Susi ihren Willen vollkommen dem Evas unterworfen und daß sie gleichzeitig ihre strahlende Heiterkeit verloren hatte. Sie konnte ohne Evas Einwilligung nichts mehr tun oder lassen, mußte beim Essen neben ihr sitzen, an ihrem Tisch arbeiten usw. War Eva einmal anderer Laune und zog es vor, nicht mit ihr, sondern mit anderen Kindern zu spielen, dann machte Susi ein finsteres Gesicht, zog sich von allen zurück, wagte es aber nie, sich Eva gegen deren Willen zu nähern" (S. 85). Susis Vater berichtete, daß Susi sehr viel von Eva sprach und erzählte, daß sie ihr folgen müsse, da Eva sonst nicht mehr ihre Freundin sein würde. — Die Erzieherin hielt es für erforderlich, die Kinder wenigstens zeitweise zu trennen. Die Versetzung eines der Kinder in eine andere Gruppe wäre wohl als Strafe aufgefaßt worden, deshalb wurde Eva, die gern bei der Betreuung jüngerer Kinder half, öfter halbtags in ihre frühere Gruppe eingeladen, um bei den „Kleinen" zu helfen. Die Kinder konnten daher auch beobachtet werden, wenn sie nicht mit der Freundin zusammen waren. — In der Aufklärung eines solchen Falles ist die Erzieherin auf Mutmaßungen und Kombinationen angewiesen, da die Beobachtungen im Kindergarten allein nicht ausreichen. Die Autorin, Leiterin der Gruppe, kommt in dem geschilderten Fall zu folgenden Überlegungen: „Susis Mutter war gerade zu dieser Zeit beruflich sehr in Anspruch genommen und konnte sich um das Kind weniger kümmern, als dies wahrscheinlich früher der Fall war. Diese Enttäuschung wird ihre Bereitschaft zu einer so intensiven Liebesbeziehung verstärkt haben. Außerdem war der Gegensatz zwischen der intellektuellen Mutter und Eva, die auf Susi geheimnisvoll und verführerisch wirkte, sicherlich sehr anziehend. Da Eva vieles durfte, was Susi verboten war, bedeutete die Identifizierung mit ihr die Erfüllung unbewußter Wünsche. Dies war die Ursache großer Gewissenskonflikte und der Grund, warum das vorher so heitere Kind seine Unbefangenheit verlor und den Eindruck eines unglücklichen Kindes machte. Auch ihr verändertes Verhalten in Evas Abwesenheit, das einem Aufatmen gleichkam, scheint mir eine Folge ihrer Gewissensqualen gewesen zu sein" (S. 92).

Bei der Betrachtung von Kinderfreundschaften stehen wir also vor sehr verschiedenen Phänomenen, die wir in folgenden Punkten nochmals festhalten:

1. Wenn Kinder häufig zusammen sind, ist nicht immer gegenseitige Sympathie die Grundlage dieser Beziehung, sondern es gibt verschiedene Ursachen. Sie kann zum Beispiel begründet sein durch den „Ordnungssinn" des Kleinkindes, das immer neben demselben Kind sitzen will, oder sie wird hervorgerufen durch äußere Vorzüge des bewunderten und daher umworbenen Kindes.
2. Über dieser Vielfalt von Motiven darf aber nicht übersehen werden, daß Kindergartenkinder durchaus fähig sind, Freundschaften zu schließen, die auf gegenseitiger Zuneigung beruhen und die nicht nur für den Augenblick gelten.
3. Freundschaften bereichern in den meisten Fällen das Leben des Kindes. Die Erzieherin sollte daher bedenken, wie sie die Entstehung von Bindungen zwischen den Kindern ermöglichen und fördern kann.
4. Es kommt aber auch vor, daß eine Freundschaft (oder eine enge Bindung zwischen Geschwistern) für die betreffenden Kinder von Nachteil ist, wenn sie sich von der Gruppe isolieren und vor allem, wenn sie sich gegenseitig ungünstig beeinflussen. Hier muß die Erzieherin überlegen, in welcher Weise sie die Kinder wieder stärker in das Leben der Gruppe einbeziehen kann.

6. Streit

In verschiedenen Untersuchungen wurde festgestellt, daß bei Kindergartenkindern freundliches, kooperatives Verhalten gegenüber unfreundlichen, feindseligen Akten überwiegt (ANDERSON 1965, 1203). So schreiben zum Beispiel J. WALTERS, D. PEARCE und L. DAHMS, die drei- bis fünfjährige Kinder beobachteten: „Auf allen Altersstufen waren die Kinder öfter herzlich als aggressiv in ihren Antworten auf andere, und wenn sie Kontakt aufnahmen, zeigten sie öfter Zuneigung als Aggression" (1957, 25). Aber wenn auch ein freundschaftliches Zusammensein überwiegt (falls nicht gerade sehr ungünstige Bedingungen bestehen wie eine zu große Gruppe in einem engen Raum), so gibt es doch recht häufig im Kindergarten Streit.

Zunächst werden Formen des Streits dargestellt, die unumgänglich mit in das soziale Übungsfeld des Kindes gehören und die keinem der Beteiligten wirklich nahegehen, obwohl sie im Moment recht heftig verlaufen können. (Daß es auch im Kindergarten durchaus schon andere Formen des Streits gibt, wird in einem zweiten Abschnitt dieses Kapitels ausgeführt.) Meist dauern diese einfachen Streitereien zwischen Kindern nur kurze Zeit (JERSILD: weniger als eine halbe Minute). Mit zunehmendem Alter ändern sich die Techniken: Schreien, Weinen, um Hilfe rufen, Schlagen und andere Formen eines tätlichen Angriffs nehmen ab, und der Gebrauch der Sprache nimmt zu (JERSILD 1960, 189 f.). Durch die besseren verbalen Verständigungsmöglichkeiten kann auch manch potentieller Konflikt vermieden werden durch die einfache Aufforderung: „Frag ihn danach“ oder „Sag ihm, was du möchtest“ (ALLEN und CAMPBELL 1948, 82). – Bei einem kurz andauernden Streit handelt es sich meist darum, daß ein Kind einem anderen ein Spielzeug weggenommen hat, daß zwei Kinder zur gleichen Zeit auf die Schaukel wollen, daß eins dem anderen (meist unabsichtlich) das gerade gebaute Haus umgerissen hat, mit dem Auto durch dessen „Wohnung“ fährt usw. – Streit kann ein Ausdruck für lebhaftes soziales Geschehen in der Gruppe sein: Es ist ein übereinstimmender Befund zahlreicher Untersuchungen, daß ein Kind, das in einem Gebiet sozialer Aktivität hoch eingestuft wurde, wahrscheinlich auch in anderen Formen sozialen Verhaltens hoch eingestuft wird (SWIFT 1964, 271). Ein Kind, das oft mit anderen Kindern Kontakte aufnimmt, ihnen hilft, sie anregt, sich an ihren Spielen beteiligt, erhält dadurch viel öfter die Gelegenheit, sich mit ihnen zu streiten, als ein Kind, das sich ängstlich vor den anderen zurückzieht. Natürlich gibt es auch große individuelle Unterschiede, auf die immer wieder hingewiesen wird. – Unstimmigkeiten dieser Art drücken auch keine persönliche Ablehnung aus, und für sie gilt, was in einer Untersuchung über Freundschaft und Streit im Kindergarten festgestellt wurde: „Gemeinsame Freunde sind streitlustiger und miteinander Streitende sind freundlicher als der Durchschnitt; Streit ist daher ein Teil eines freundschaftlichen sozialen Umgangs in diesem Alter“ (GREEN 1933 a, 251). (Der Streit als Ausdruck einer problematischen sozialen Beziehung wird hier nicht berücksichtigt.)

Man würde dem Kind wesentliche soziale Übungsmöglichkeiten nehmen, wenn man jeglichen Streit im Kindergarten von vornherein unterbinden wollte. Die Konflikte würden nur unterdrückt, aber nicht beseitigt, und das Kind lernte nicht, sie in sozial akzeptierbarer Weise zu lösen – also nicht durch Schreien, um Hilfe rufen, Treten usw., sondern durch ein Verhandeln mit dem „Gegner“. Das Kind, durch dessen Verhalten der Streit ausgelöst wurde, erfährt, daß es nicht in beliebiger Weise seinen Wünschen nachgehen kann, daß der andere sich wehrt und auch Ansprüche hat, daß man auf ihn Rücksicht nehmen muß, daß man oft leichter zu seinem gewünschten Ziel kommt, wenn man den anderen um etwas bittet, anstatt Gewalt anzuwenden (ihn zum Beispiel auffordert, zur Seite zu rücken, anstatt ihm einen Schubs zu geben, oder ihn fragt, ob er etwas ausleiht, anstatt es ihm wegzunehmen). Der Angegriffene wiederum lernt, sich zu wehren und seine Rechte zu behaupten. Zwistigkeiten werden dann nicht nur durch das Recht des Stärkeren beendet, sondern die Kinder müssen versuchen, einen Kompromiß zu finden, der beiden Seiten gerecht wird. – Der Sachverhalt, daß Kinder im Streit wichtige soziale Erfahrungen machen, wird auch bestätigt durch folgenden Untersuchungsbefund: In einer Kindergruppe in einer Nursery school mischten sich die Erzieherinnen (drei bis vier in einer Gruppe) viel häufiger in Streitigkeiten ein als in einer damit verglichenen anderen Gruppe (mit nur ein bis zwei Erzieherinnen). Während eines Jahres, solange diese Bedingungen bestanden, stritten sich die Kinder der ersten Gruppe seltener als die Kinder der zweiten, die mehr Freiheit hatten, ihre Zwistigkeiten in ihrer eigenen Weise zu lösen. Aber im folgenden Jahr kamen die Kinder beider Gruppen aus der Nursery school in zwei Kindergärten, wo sich die Erzieherinnen verhältnismäßig wenig in Streit einmischten. Die Kinder der ersten Gruppe verdoppelten die Häufigkeit ihrer Streitereien, obwohl normalerweise mit zunehmendem Alter die offene Aggression abnimmt. Dagegen stritten sich die Kinder der anderen Gruppe weniger als im Vorjahr. Jersild zieht daraus den Schluß: Ein Kind mit aggressiven Tendenzen wird mehr Formen lernen, wie es in höflicher Weise seine Aggression ausdrücken kann, wenn es an einem Punkt seines Lebens eine Gelegenheit gehabt hat, seine Aggressivität offen zu zeigen (Jersild 1960, 191 f.).

Wir gingen bisher von Streitformen aus, die in lebhaften sozialen Beziehungen immer wieder kurzzeitig auftreten und die nicht mit einer Ablehnung der Person des Kindes verbunden sind. (Beispiele für Streitigkeiten dieser Art finden sich in verschiedenen Protokollen in anderen Kapiteln dieser Arbeit, vgl. zum Beispiel Ruth und Michael, die sich nicht über das gemeinsame Spielzeug einigen können, S. 22; Werner und Volker, die sich streiten, wer von ihnen die gerade gebaute Kirche zum Einsturz gebracht hat, S. 25; auf S. 49 wird auch ein Fall geschildert, wo weinende und protestierende Kinder zur Erzieherin gehen.) Bei Streitereien dieser Art ist es nur gelegentlich notwendig, daß die Erzieherin eingreift, zum Beispiel wenn der eine Partner so sehr unterlegen ist, daß er keine Möglichkeit hat, sich zu verteidigen, oder um den Kindern bei der Suche nach einer befriedigenden Lösung des Streitfalls zu helfen. Bestimmte Anregungen müssen gelegentlich vom Erwachsenen gegeben werden, da die Kinder noch zu wenig Erfahrung haben. So können sie einen Abzählvers lernen, um zu bestimmen, wer „drankommt", oder die Kinder finden mit Hilfe der Erzieherin bestimmte Regeln, die nun für alle gelten, z. B. daß in der Puppenwohnung nie mehr als drei Kinder gleichzeitig spielen können.

Es gibt aber auch Formen des Streits zwischen den Kindern, die anders beantwortet werden müssen und die Hilfe des Erziehers dringend erforderlich machen. Hier können länger andauernde, heftige Konflikte, die ein Kind mit einem Partner oder der Gruppe austrägt, die Ursache sein. Es kann sich zum Beispiel darum handeln, daß ein Kind eifersüchtig auf ein anderes ist, das ihm eine Vorrangstellung genommen hat; ein anderes Kind versucht, einen Spielgefährten zu tyrannisieren, ein drittes verbirgt seine Furcht, im gemeinsamen Spiel den anderen an Geschicklichkeit oder Kraft unterlegen zu sein, hinter großsprecherischem, frechem Auftreten. In diesen und in ähnlichen Fällen gibt es dann ständig Anlässe zu Streitereien. Hier muß sehr genau beobachtet und überlegt werden, wo die wirklichen Ursachen des Verhaltens und der geeignete Ansatzpunkt für eine Hilfe liegen. In manchen Fällen genügen schon verhältnismäßig geringfügige Änderungen der Situation wie in dem auf Seite 58 beschriebenen Fall, wo sich das Benehmen eines Jungen, der jedes Spiel mit einem anderen Kind durch sein destruktives Verhalten unmöglich machte, änderte, als man anderes Spielzeug wählte, das ihn interessierte und das ihn in seiner Geschicklichkeit und Phantasie nicht überforderte. Meist ist es aber ein lang dauernder und schwieriger Prozeß, einem Kind zu besseren sozialen Beziehungen zu verhelfen, da bei anhaltenden Konflikten in der Gruppe oft familiäre Schwierigkeiten und tiefwurzelnde Störungen des Kindes beteiligt sind. Wie schwer es sein kann, hier einen Wandel zu schaffen, zeigt zum Beispiel eine Beobachtung von L. B. Murphy: In einer sonst besonders friedlichen Gruppe mit einer Erzieherin, die den Kindern in warmer und aufgeschlossener Weise zugewandt war, quälten zwei Kinder wochenlang zwei andere Kinder (Murphy 1937, 67). Es muß aber auf alle Fälle versucht werden, dem Kind, das sich sehr oft streitet, sublimierte Ausdrucksformen für seine Aggressionen und andere soziale Kontaktformen zu vermitteln, denn das Kind, das immer wieder erfährt, daß es sich im Streit gut behauptet, kann ein rechthaberisches Verhalten als mögliche und effektive Form der Lebens- und Konfliktbewältigung erkennen und annehmen; eine solche Fixierung ist dann nur schwer zu lösen.

Während es sich hier um Kinder handelt, die immer wieder aktiv Streit beginnen, kann es sich aber auch umgekehrt darum handeln, daß ein Kind ungewollt Streit auslöst: Wenn es mitmachen will, wird es weggeschickt, man schiebt ihm die Schuld zu bei Zwischenfällen aller Art oder schließt es wegen irgendwelcher Eigenheiten aus. Solange das „schwarze Schaf" sich noch dagegen wehrt, sich hereindrängt oder verteidigt, gerät es immer wieder in Streitereien, die sich – aber in falscher Weise – lösen, wenn es resigniert, sich zurückzieht, sich nicht mehr verteidigt und keine Ansprüche geltend macht.

Pädagogische Bemühungen, die Streit dieser Art vermindern sollen, sind nicht nur im Interesse der Kinder notwendig, die den Streit aktiv oder passiv immer wieder auslösen, sondern auch im Interesse derer, die ohne ihr direktes Zutun mit in den Streit verwickelt werden (beispielsweise, wenn sie von einem eifersüchtigen Kind als Rivalen bekämpft werden) und die durch die heftigen, emotional aufgeladenen Reaktionen des anderen gekränkt und verletzt werden können. – Ein lang andauernder Konflikt in der Gruppe bringt auch die Gefahr mit sich, daß vorher unbeteiligte Kinder Freude daran bekommen, andere Kinder zu quälen, also ein jähzorniges Kind zu reizen, um es zu heftigen Ausfällen zu bringen, oder die eigene Macht auf Kosten eines hilflosen Kindes auszuprobieren. Hier handelt es sich um sehr ernst zu nehmende Gruppenprozesse, auf die in den folgenden Kapiteln noch eingegangen wird.

Für eine Bewertung des Streits in der Kindergartengruppe muß man sich also folgendes klarmachen:

1. Viele Streitigkeiten zwischen Kindern sind ein Teil von lebendigen sozialen Beziehungen zwischen ihnen und spielen eine wichtige Rolle in der sozialen Entwicklung: die Kinder können lernen, Unstimmigkeiten in angemessener Weise auszutragen und zu bereinigen.

2. Diese Erkenntnis darf aber nicht dazu verleiten, daß man den Streit in der Kindergartengruppe in jedem Fall leichtnimmt und erwartet, daß die Kinder selbst mit ihren Differenzen fertig werden. Wenn immer wieder dieselben Kinder in Zank und Streit verwickelt sind, kann es sich um Symptome von gestörten Sozialbeziehungen handeln; die Kinder drücken ihre Unsicherheit, Angst, Eifersucht, Aggression im Streit aus. Hier ist Hilfe erforderlich, damit ein Kind nicht in eine Außenseiterstellung gerät und in den sich dadurch noch verschlechternden sozialen Beziehungen um so mehr auf Streit, Angriff oder Verteidigung angewiesen ist oder sich entmutigt zurückzieht.

7. Mitgefühl

Schon Kindergartenkinder können einander Mitgefühl zeigen. Mitgefühl erfordert nicht nur Einsicht in die Situation, in der ein anderes Kind von einem Mißgeschick betroffen ist, sondern auch eine gefühlsmäßige Beteiligung und die Fähigkeit, diese Gefühle auszudrücken (JERSILD 1960, 181). Kinder sind oft ängstlich und weinen sogar, wenn sie zwar den Kummer des anderen Kindes erkennen, aber nicht wissen, was sie tun sollen. Den meisten Kindern im folgenden Beispiel, die den weinenden Albert anstarrten, war die Situation sicher verständlich, aber sie waren zuerst ratlos:

„Im Kindergarten war ein neuer Junge[5]; er war am zweiten Tag da. Als seine Mutter ging, schluchzte er zehn Minuten lang. Während dieser Zeit hörte Dexter mit seinem Spiel auf, um ihn anzustarren. Rox ging zu ihm herüber und beobachtete ihn, Florence wartete in der Nähe und betrachtete ihn, und Christopher unterbrach sein Spiel, als er sich umwandte, um zu sehen, wer so weinte. Keines der Kinder sagte irgend etwas zu Albert in dieser Zeit. Sie gingen nur nahe zu ihm hin und starrten ihn an. Später, als Albert auf dem Boden mit Bausteinen spielte und nur noch leise schluchzte, ging Christopher zu ihm, legte seine Hand auf seinen Kopf und tätschelte ihn. Dann fand Christopher einige bunte Bausteine, drei davon brachte er Albert und sagte: ‚Du kannst damit spielen.' Albert nahm sie, sagte aber nichts. Christopher beobachtete ihn kurze Zeit, dann spielte er weiter" (MURPHY 1937, 109 f.)

Mit zunehmendem Alter und wachsender Erfahrung werden die Kinder in immer höherem Maße fähig, die Nöte des anderen Kindes zu erkennen und eine Antwort darauf zu finden: „Sie helfen, sie beseitigen die Ursachen der Störung oder versuchen es, sie trösten, bestrafen den Urheber des Zwischenfalls, beschützen und verteidigen die betroffene Person, sie warnen, sie erzählen einem Erwachsenen, daß ein anderes Kind Kummer hat, sie fragen, um den Grund des Kummers zu entdecken, sie schlagen eine Lösung vor oder bewerkstelligen sie" (JERSILD 1960, 181 f.).

Zwei Beispiele sollen noch einen Eindruck von der Variationsbreite der Verhaltensweisen geben:

Im ersten Fall wurden drei Aufzeichnungen kurz nacheinander gemacht; im ersten Protokoll um 10.20 Uhr wird geschildert, wie Seth (4;0) mit der Schaukel versehentlich Joyce (2;3) umstieß, sie fiel hin und weinte, die Erzieherin tröstete sie. – Um 10.32 Uhr beobachtete Seth von der Schaukel aus, wie Joyce sich wieder weh tat. — 10.35: „Seth stieß vorsichtig die Schaukel an, in der Joyce saß. Joyce lächelte. Seth lächelte Joyce an" (MURPHY 1947, 254 f.).

---

[5] Ohne Altersangaben. — Bei den meisten der von L. B. MURPHY übernommenen Protokolle konnte das Alter aus Tabellen mit Angaben über die Kinder zweier Kindergartengruppen und den jeweiligen Daten der Protokolle errechnet werden.

Ein Kind kann sich aber auch, ohne durch den Schmerz und die Tränen eines anderen Kindes dazu gebracht zu werden, in einem freundschaftlichen Gespräch auf den Partner mitfühlend einstellen:

„Philomena (3;4) ging auf Arthur (3;9) zu, der im Haus gesessen und die Gruppe durch das Fenster beobachtet hatte. Arthur zu Philomena: ‚Ist das ein weißer Hut?' — ‚Ja.' — ‚Ist es ein warmer Hut?' — ‚Ja.' — Arthur: ‚Ich mag dich. Wo ist deine Mutter?' — ‚Zu Hause.' — ‚Wo ist dein Vati?' — ‚Nach Washington gefahren.' — ‚Wird er wiederkommen?' Philomena sagte etwas Unverständliches. Arthur, ängstlich die Hand auf Philomenas Schulter legend: ‚Wird er Weihnachten wiederkommen?'" (MURPHY 1937, 97).

Das Verhältnis zwischen mitfühlendem und nicht mitfühlendem Verhalten variiert nach L. B. MURPHYS Ergebnissen von Kind zu Kind beträchtlich. Obwohl die intellektuelle Fähigkeit an der Qualität der mitfühlenden Erwiderungen und an der Einsicht, die ein Kind in die Nöte eines anderen haben kann, beteiligt ist, ist der Faktor Intelligenz weniger einflußreich als andere Faktoren wie Interesse und Aufgeschlossenheit des Kindes für andere Kinder (JERSILD 1960, 182). Aber auch bei einem einzelnen Kind mit einer bestimmten Verhaltenstendenz wechselt das Verhalten nach der jeweiligen Situation. Ein Kind zeigt kein Mitgefühl, wenn es zum Beispiel gerade mit einer eigenen Unternehmung sehr beschäftigt ist oder wenn es sich fürchtet oder sich unsicher fühlt. So wandelten sich die beständige Freundlichkeit und das Mitgefühl eines Mädchens in aggressive Vergeltung, als sie glaubte, eine ihrer besten Freundinnen habe sie absichtlich verletzt. Von diesem „traurigen Drama verletzter Egos", wie L. B. MURPHY es nennt, soll der Anfang wiedergegeben werden:

„Heidi (3;9) warf einen Bauklotz auf das Bein von Janet (4;6), vielleicht zufällig. Janet machte ein finsteres Gesicht, weinte dann. Heidi lachte ... Janet: ‚Wie würdest du es finden, wenn ich den Baustein auf dein Knie werfen würde, huh, huh?' Heidi dachte, Janet machte Spaß, und lachte weiter. Janet warf Heidi auf die Bausteine. Heidi: ‚Hör auf', sie weinte. Janet lachte ..." (MURPHY 1947, 251).

Ob Kinder sich im Kindergarten mitfühlend aufeinander einstellen und in welcher Art sie es tun, ist weitgehend von der Erzieherin abhängig, von ihrer Einstellung und Arbeitsweise. Das wird in Kapitel V und VI noch näher ausgeführt.

8. Wetteifer — Verständnis für Regelspiele

Im Kindergarten fallen häufig Szenen auf, in denen ein Kleinkind keinerlei Ehrgeiz zeigt, gewinnen zu wollen, es kann zum Beispiel bei einem Wettlauf auf den „Gegner“ warten und mit ihm zusammen weiterlaufen. Aber ebenso gibt es viele andere Situationen, in denen Kinder wetteifern. Typisch dafür sind die verbalen ‚Ich-bin-besser-als-du‘-Kämpfe (JERSILD). Patrick in dem folgenden Beispiel legt großen Wert darauf, nicht als kleiner Junge angesehen zu werden. Er ist zwar nur einen Monat jünger als Seth, aber ein Stück kleiner, wie auf einer Fotografie zu erkennen ist.

„Lucinda (4;1): ‚Laß uns Vater und Mutter spielen.‘ Seth (4;1): ‚Ja.‘ Zu Patrick (4;0) sagte er: ‚Du bist der kleine Junge.‘
Patrick puffte Seth und sagte: ‚Ich bin kein kleiner Junge, ich bin vier Jahre alt.‘
Seth: ‚Ich bin 100.‘
Patrick: ‚Aber ich bin vier.‘
Heinrich (3;10): ‚Ich bin acht. Ich bin sechs.‘
Patrick: ‚Ich bin nicht klein. Nennt mich nicht klein.‘
Patrick lief weg, kam wieder und puffte Seth.“
(MURPHY 1937, 81 f.)

Neben diesen Wortgefechten über die eigenen Vorzüge werden aber auch die wirklichen Leistungen miteinander verglichen. Dazu ist es notwendig, daß das Kind etwas als seine eigene Leistung erkennen kann. Die Frage des Wettstreits muß also im Zusammenhang mit der Entstehung der Leistungsmotivation gesehen werden. Etwa mit drei bis dreieinhalb Jahren richtet sich „bei Gelingen oder Mißlingen einer eigenen Tätigkeit die Freude oder die Enttäuschung nicht mehr nur auf das Tätigkeitsprodukt als solches ..., so daß das Kind bei Gelingen über seine Tüchtigkeit Erfolgsfreude und bei Mißlingen über seine Untüchtigkeit Mißerfolgsbeschämung empfindet“. Es handelt sich hier also um einen wichtigen kognitiven Reifungsschritt, der „in der Regel nicht früher als im vierten Lebensjahr“ getan wird (HECKHAUSEN 1965, 678). Das wird durch eine Reihe von Untersuchungen bestätigt. So hat M. ZUNICH (1964) bei einem Vergleich des Verhaltens Drei- und Vierjähriger nach Mißlingen einer Tätigkeit beobachtet, „daß die Vierjährigen heftigere Mißerfolgsreaktionen zeigen, nicht mehr so leicht aufgeben und seltener den Erwachsenen um Beistand angehen als die Dreijährigen“ (HECKHAUSEN 1965, 678). – Aus der Beurteilung der eigenen Leistung erwachsen dann auch Vergleich und Wetteifer: In einer Untersuchung von C. LEUBA (1933) wurden Kinder in einem Raum beobachtet, in dem sie mit bestimmtem Spielzeug spielen konnten. Im Alter von zwei Jahren schien die Gegenwart eines anderen Kindes nicht viel Einfluß darauf zu haben, was ein Kind sagte oder tat.

Die Kinder wetteiferten nicht, sondern waren hauptsächlich an den Spielsachen interessiert. Dreijährige zeigten, daß sie wußten, was das andere Kind tat. Mit vier bis sechs Jahren zeigte die Mehrheit der Kinder den Wunsch, sich auszuzeichnen, und ein vermehrtes Verständnis für die Idee des Übertreffens. Mit sechs Jahren waren einige der Kinder auch kritischer in der Beurteilung ihres eigenen Werkes, als sie es vorher gewesen waren (JERSILD 1960, 185).

Wetteifer läßt sich vor allem in Spielen beobachten, die Wettkampfcharakter haben und bei denen das Gewinnen nicht oder nur in gewissem Ausmaß vom Zufall abhängt, sondern zumindest zum Teil von den eigenen Leistungen. Hier können die Ergebnisse der Tätigkeit in meßbarer Weise verglichen werden: Ein Kind ist schneller gelaufen als das andere und daher eher am Ziel; es hat beim Memory-Spiel am besten aufgepaßt und die meisten Karten eingesammelt. – Die notwendige Voraussetzung für die Durchführung derartiger Spiele ist aber nicht nur der Wunsch der Kinder zu gewinnen, sondern sie müssen die Spielregeln auch erfassen können und fähig sein, sie einzuhalten, d. h. sie werden im Spiel nicht mehr zu den einzelnen Handlungen persönlich aufgefordert und eventuell verbessert, sondern der Spielverlauf wird gelenkt durch die verpflichtende, unpersönliche Regel. Die von einem Erwachsenen (oder einem älteren Kind) vermittelten Normen sind jetzt internalisiert worden. – Bei jüngeren Kindern ist das alles noch nicht gegeben, sie kennen die Spielregeln noch nicht oder halten sie nur unvollständig ein, und sie legen meist noch gar keinen Wert darauf, den anderen zu übertreffen (wie es schon vom Wettlauf erwähnt wurde: das eine Kind bleibt stehen und wartet, bis das andere es eingeholt hat). Ein Spiel verläuft dann in ähnlicher Art wie das folgende:

Martina (4;5) liegt halb über dem Tisch und sieht zu, wie Sigrid (4;8) Steine vom Farbdomino auf den Tisch legt: „Ich spiele mit." Sigrid: „Komm, setz dich hin." Sigrid beginnt mit dem Spiel, sie nimmt sehr viele Steine hoch, sieht sie an, dreht sie wieder um. Martina sagt nichts dazu, sie träumt vor sich hin. Sigrid ruft: „Hehe, ich hab ja schon, Martina, nun paß doch auf!" Sie schiebt ihr die Steine hin. Martina will welche nehmen, Sigrid sagt: „Nein, ich geb sie dir." Martina: „Nein, ich mach was anderes." Sie dreht die Steine um und legt sie als Muster nebeneinander ... Erzieherin: „Räumt ihr langsam ein?" Sigrid fängt an, die Steine einzupacken. Martina legt ihre Steine übereinander, sieht sich um, sagt: „So viel hab ich", lacht und gibt die Steine Sigrid.

Es ist fraglich, ob Martina die Spielregel kennt. Auf jeden Fall ist ihr der Umgang mit den bunten Steinen wichtiger als die Bemühung, „richtig" zu spielen und Sigrid zu übertreffen. So kann ein Spiel entgegen jeder Regel plötzlich einen anderen Inhalt bekommen, in diesem Fall: es wird mit den Spielsteinen ein Muster gelegt.

Im nächsten Protokoll sind die Regeln schon bestimmend, und das jüngere Kind, das sie nicht kennt, darf nicht mitspielen. Aber die Regeln werden nicht durchgängig eingehalten:

Gabi (5;0) und Udo (5;10) legen die Memory-Karten aus. Beate (3;11) setzt sich mit Perlen an ihren Tisch. Sie hebt eine Karte hoch. Gabi: „Du machst doch nicht mit.“ Udo: „Wer nicht mitmacht, darf nicht legen.“ Sie beginnen mit dem Spiel. Udo hebt anstatt der erlaubten zwei Karten immer mehrere auf, Gabi wehrt sich nicht. Sie stellt aber Beates Schälchen mit Perlen herunter, weil es stört. Beate hebt wieder Karten hoch, Udo beklagt sich darüber bei mir. Er selbst nimmt fortlaufend Karten auf, Gabi reagiert nicht darauf, bis sie schließlich sagt: „Jetzt komme ich.“ Sie hebt nur zwei Karten auf, scheint also die Spielregel zu kennen, obwohl sie bei Udo keinen Einspruch erhob. Udo hebt wieder mehrere Karten hoch und sagt freudig zu mir: „Jetzt habe ich gewonnen.“ Er zeigt mir seine Karten.

Bei diesem Spiel war nicht klar zu erkennen, ob Udo die Spielregel nicht beherrschte – was bei ihm als einem älteren und „erfahrenen“ Kindergartenkind kaum anzunehmen ist – oder ob er mogelte. Da er unbefangen die Karten hochnahm, ohne durch die Beobachterin irritiert zu werden, und sie freudig ansprach, als er Sieger wurde, ist eher anzunehmen, daß er ein Ändern der Regel zu seinen Gunsten als nichts Unerlaubtes ansah, wenn der Partner keinen Einspruch erhob.

Von welchem Alter an Regelspiele richtig durchgeführt werden, kann nicht generell entschieden werden. Wie schon oben ausgeführt wurde, wird etwa im vierten Lebensjahr die eigene Leistung erkannt, und damit entwickelt sich auch der Wetteifer. Das Kind muß ein Spiel aber auch überblicken und die Regeln verstehen können, und dabei ergeben sich nach der Art der jeweiligen Spiele große Altersunterschiede: Bei einem Spiel mit schwierigen Spielregeln sind auch noch ältere Kinder kognitiv überfordert und zeigen wieder ein ähnliches Verhalten wie die Kinder mit dem Farbdomino im ersten Beispiel: sie variieren willkürlich die Regeln. So ist das Murmelspiel, mit dem J. PIAGET (dt. 1954) seine Versuche machte, sehr kompliziert und wird von den jüngeren Schulkindern noch nicht beherrscht. Ebenso ist es mit dem Schachspiel, das in einem Hort von den kleineren Schulkindern folgendermaßen gespielt wurde: Da sie häufig beobachten konnten, wie die Leiterin mit den älteren Kindern spielte, ahmten sie das höchst interessante Verhalten nach – sie saßen sich mit ernsten Gesichtern gegenüber und führten sinnlose Züge aus. – Dagegen können auch schon Kindergartenkinder die Regel eines einfachen Spiels so gut beherrschen, daß sie sie selber sinnvoll variieren können:

Renate (6;4) sitzt zwischen Jürgen (6;6) und Elke (5;10) am Tisch, sie spielen ein Brettspiel. Jürgen jubelt: „Ich gewinne!“, er redet ununterbrochen. Renate: „Ich brauch nur noch vier Stück.“ Jürgen: „Nur noch eins, dann hab ich Siegerehrung. — Ich habe gewonnen!“ Er läuft weg.

Renate: „Wollen wir noch mal spielen? Wer verliert, fängt an." Elke räumt die Steine ein. Renate: „Spinnst du? Die Weißen und die Grünen kommen da nicht rein."
Elke fängt an. Sie sagt: „Jeder darf jetzt zweimal würfeln. Jetzt darfst du zweimal." Renate vergewissert sich: „Jeder darf zweimal?" Elke nickt. Sie spielen und reden bei jedem Wurf. Renate singt: „Geht nicht ... ich brauch nur noch ... tralala, ich bin der Sieger!" Elke: „Jetzt darf ich noch mal, weil du mal ..." (nicht zu verstehen). Renate: „Nein, nein!" – Sie beginnen ein neues Spiel, verabreden: jeder darf dreimal würfeln. Sie spielen. Elke: „Ich hab erst zweimal." Renate: „Nein, du hast dreimal, das gilt nicht." Sie nimmt ihr den Würfel weg, spielt weiter.

Im Kapitel über den Streit wurde gezeigt, daß das Austragen von Zwistigkeiten mit zum sozialen Übungsfeld des Kindes gehört, ähnlich ist es auch hier: Um lernen zu können, mit Ausdauer und Konzentration ein Ziel zu verfolgen, Mißerfolge zu ertragen, Spielregeln einzuhalten, ein fairer Mitspieler zu sein und auch ein guter Verlierer, muß das Kind sich in vielfältigen Gegebenheiten darin üben können, und es ist nicht verwunderlich, wenn es dabei auch einmal vorzeitig aufgibt, wenn es beim Verlieren wütend wird oder einen Mißerfolg beschönigt. – Ferner wurde in den Ausführungen über den Streit gesagt, daß ein Kind, das in *einem* Gebiet sozialen Verhaltens viel Aktivität zeigt, wahrscheinlich auch in anderen Formen des sozialen Verhaltens aktiv sein wird. Das trifft auch in diesem Fall zu – mit der Zunahme der Kooperation tritt selbstverständlich auch vermehrter Wetteifer auf. „Wir neigen dazu, Wetteifer und Kooperation als entgegengesetzte Pole anzusehen, und machen einen ziemlich klaren Unterschied zwischen ihnen ... Aber verschiedene Studien zeigen an, daß sich im Prozeß der Sozialisation anscheinend antagonistische Tendenzen zusammen entwickeln" (J. E. Anderson 1939, 846). – Wenn auch Wetteifer und Ehrgeiz im Kindergarten nicht stimuliert werden, so wird doch aus dem oben Gesagten deutlich, daß sie in gewissem Ausmaß auch zur sozialen Entwicklung des Kindes gehören und nicht nur als sozial unerwünschte Verhaltensweisen gesehen werden können.

II. Die Gruppe im Kindergarten

1. Das Kleinkind in der Gruppe

Die sozialen Verhaltensweisen des Kleinkindes, die bisher beschrieben wurden, können auch beobachtet werden, wenn Kinder zufällig zusammentreffen, zum Beispiel auf einem öffentlichen Spielplatz, und dann beim Spiel Kontakte aufnehmen, vielleicht schon etwas gemeinsam tun, sich streiten usw. Wenn die Kinder sich öfter begegnen, können sich gewisse Vorlieben und Abneigungen, Über- und Unterordnungen entwikkeln. In viel höherem Maß ist das natürlich im Kindergarten der Fall, wo die Kinder über Monate oder sogar Jahre hinweg fast täglich einige Stunden lang zusammen sind. – Das Kind, das in den Kindergarten eintritt, wird ohne sein Zutun Mitglied einer Gruppe, die sich aus der Gruppenleiterin, eventuell noch einer Helferin und einer bestimmten Anzahl von Kindern zusammensetzt. Der Gebrauch des Wortes „Gruppe" in diesem Zusammenhang ist durchaus zutreffend, denn er entspricht sowohl der Alltagssprache – im Kindergarten wird allgemein von „Gruppen" anstatt von „Klassen" gesprochen – wie Definitionen in der Soziologie: „Für den Soziologen steht das Wort ‚Gruppe' für alle Gesellungsformen" (TENBRUCK 1967, 295). Oder begrenzender: Eine Gruppe „bezeichnet eine Anzahl von Individuen, wenn diese in unmittelbarer sozialer Wechselbeziehung zueinander stehen und wenn jeder von ihnen alle (sich selbst eingeschlossen) als eine Gesamtheit wahrnimmt und sich ihnen gegenüber in diesem Sinne verhält" (FRANCIS 1965, 59).

Es steht wohl außer Frage, daß das Kind bald sehr genau weiß, wer „seine" Kindergärtnerin ist, in welchen Raum und zu welcher Gruppe es gehört; es lernt die Regeln in seiner Gruppe kennen, auch die, die den Umgang mit den anderen Gruppen betreffen, zum Beispiel welches Stück des Gartens von seiner Gruppe bepflanzt wird, welche Gruppe zuerst in den Waschraum geht usw. Zweifellos entwickelt sich bei den Kindern so etwas wie ein „Wir-Gefühl", was natürlich nicht bedeutet, daß starre Grenzen gegen die Umwelt gezogen werden und ein zu Besuch kommendes Kind aus einer anderen Gruppe hinausgeschickt oder ein Neuling prinzipiell abgelehnt wird. Es bestehen Verbindungen zu den anderen Gruppen; oft weiß ein Kind nicht nur, welche Kinder in seine eigene Gruppe gehören, sondern auch, wohin die anderen Kinder des ganzen Kindergartens gehören, wenn es sie bei Besuchen in den Gruppenräumen und beim Spiel im Freien kennenlernen kann (natürlich nur, wenn der Kindergarten insgesamt nicht zu groß ist); es können auch Freundschaften zwischen Kindern aus verschiedenen Gruppen entstehen. Aber gegenüber den Kontakten zu Kindern aus anderen Gruppen sind die Beziehungen des Kindes zur eigenen Gruppe von besonderer Bedeutung. Das Zugehörigkeitsgefühl besteht nicht nur in der Bindung der Kinder an eine Erzieherin, sondern die Beziehungen der Kinder untereinander und das gemeinsame Leben, dessen Ordnungen zum Teil von der Kindergärtnerin gegeben werden, aber sich zum Teil auch erst allmählich durch Beteiligung aller herausbilden, schaffen ebenso die Grundlage für ein Wir-Gefühl. J. W. SWIFT schreibt in ihrem Überblick über amerikanische Untersuchungen über den Kindergarten: „Die Entwicklung einer Gruppen-Identität mit eigenen Werten und Sitten ist ein Gegenstand, der bedeutende Beachtung in Hinblick auf Kinder im Schulalter erfahren hat. Weniger Aufmerksamkeit wurde auf dieses Thema hinsichtlich der Vorschulzeit verwandt. Daß beim Kindergartenkind eine gewisse Identifikation mit der Gruppe besteht, kann jedoch von keinem bezweifelt werden, der mit Gruppen von Kindern in diesem Alter vertraut ist" (SWIFT 1964, 274).

Wie sehen nun die sozialen Beziehungen in einer Kindergartengruppe aus? Sie werden von verschiedenen Autoren höchst unterschiedlich beurteilt. JEAN PIAGET charakterisiert eine Gesellschaft fünf- bis siebenjähriger Kinder als ein „amorphes Ganzes ohne Ordnung, in dem sich alle Individuen gleichen" (1954, 362). J. P. RUPPERT schreibt: „Während BUSEMANN und SCHEWELEW die Kleinkindergemeinschaft (etwa in einem Kindergarten) als einen ziemlich undifferenzierten Haufen beschreiben, ist DOROSCHENKO der Auffassung, daß auch diese Gemeinschaften schon ihre innere Ordnung und Gliederung haben. E. STERN und insbesondere CH. BÜHLER und H. HETZER weisen mit Recht darauf hin, daß sich auch auf dieser frühen Altersstufe die Gruppen schon strukturieren und innerlich gliedern" (1952, 115). S. WISLITZKY dagegen meint: „Schon dem flüchtigen Beobachter einer Kindergruppe Drei- bis Sechsjähriger fällt auf, daß die sozialen Beziehungen, die sich zwischen den einzelnen Mitgliedern anbahnen, etwas durchaus Flüchtiges sind, daß sie kaum entstanden auch schon wieder abgebrochen werden" (1928, 180). Die Ergebnisse der Studie von S. WISLITZKY werden, auch wenn sie auf die von ihr beobachtete Kindergruppe zutreffen mögen[6], zu Unrecht verallgemeinert. Man könnte

---

[6] Wahrscheinlich hatte der Wiener Kindergarten, in dem S. WISLITZKY 1927 ihre Beobachtungen durchführte, für die Kinder eine weitgehend andere Bedeutung, als es in anderen Untersuchungen der Fall ist. Sie schreibt: „Die Kinder stammten aus sehr traurigen sozialen Verhältnissen, die Eltern waren zum großen Teil Taglöhner, Arbeitslose und Prostituierte. Der Eintritt in den Kindergarten bedeutete

den Satz umändern in „*Nur* dem flüchtigen Beobachter ...“. In der Tat erscheint das Verhalten der Kinder dem Beobachter zunächst ungeordnet und verwirrend. Vor allem wenn der Raum zu eng ist, wird zwangsläufig in kurzer Zeit eine Fülle von Kontakten aufgenommen. Ein Kind, das zum Beispiel durch den ganzen Raum geht, um etwas zu holen, tritt dabei zu vielen Kindern in irgendeine Beziehung: Es bittet ein Kind, es vorbeizulassen; es stößt einem anderen Kind, das auf der Erde baut, etwas um und wehrt sich nun gegen dessen Anschuldigungen; es bleibt bei einer Spielgruppe stehen, um ihr eine Weile zuzusehen, usw. Bei einer Auszählung der verschiedenen Kontakte und Gruppierungen in einer bestimmten Zeit kann man zu dem Schluß kommen, die sozialen Beziehungen im Kindergarten seien ein „labiles soziales Herumwimmeln“ (LICHTENBERGER 1963).

Das mag in dem Kindergarten, in dem die von W. LICHTENBERGER genannte Untersuchung durchgeführt wurde, der Fall gewesen sein, denn es handelte sich um eine besonders große Gruppe von 70 Kindern. Man erfährt in dieser Untersuchung auch nichts darüber, ob und in welcher Weise die Erzieherin sich bemühte, die sehr ungünstigen äußeren Verhältnisse für das Kind etwas erträglicher zu machen. In einem Protokoll wird angegeben, was ein Junge von 3;5 Jahren in der Zeit von 14.30 bis 16.28 Uhr tat (S. 23). Er wechselte zwölfmal die Beschäftigung; die Hälfte seiner Tätigkeiten führte er allein aus, in der übrigen Zeit war er mit ein oder zwei Kindern in einem losen Nebeneinander beschäftigt. Anscheinend (im Protokoll wird nichts davon erwähnt) sprach ihn die Kindergärtnerin in der Zeit nie an und gab ihm also keinerlei Hilfen, eines seiner Spiele etwas weiter auszubauen, wie es durch eine interessierte Frage, eine Anregung, eine eigene Beteiligung für kurze Zeit usw. möglich ist. Ebenso wurden anscheinend in dieser Zeit keinerlei Vorschläge von der Erzieherin für eine gemeinsame Tätigkeit einer Anzahl von Kindern gemacht wie Kreisspiele, Singen, Erzählen usw. Aber über momentane Hilfen hinaus, die natürlich in der viel zu großen Gruppe nur ungenügend gegeben werden können, müßte man auch versuchen, der Gruppe von außen her eine lockere Gliederung in Untergruppen zu geben, so daß ein Kind nicht sofort 69 Spielgefährten gegenübersteht, sondern einem kleineren Kreis von Kindern, einer Tischgemeinschaft z. B., besonders angehört.

---

vielfach eine Wendung im Leben des Kindes, und die Begeisterung für alles Neue, das schöne geräumige Zimmer, das Spielzeug, den Liegestuhl für den Nachmittagsschlaf u. ä., war in der ersten Zeit oft unbeschreiblich groß“ (S. 180). Vielleicht traten gegenüber der Bedeutung, die die materielle Versorgung hatte (und eventuell auch zugunsten einer stärkeren Bindung an die Erwachsenen), die Beziehungen der Kinder untereinander mehr in den Hintergrund.

Die Schlußfolgerung, die aus der oben angeführten und anderen Beobachtungen gezogen wird, erscheint nicht erstaunlich, wenn die äußeren Bedingungen so ungünstig sind und man das Kind dann noch allein vor der Aufgabe läßt, sich in einem überfüllten Kindergarten zurechtzufinden: „... Ein rollenmäßig verteiltes, sinnvolles Tun und Treiben kam über primitive Anfänge nicht hinaus ... (Der einzelne) wimmelte in der Menge der übrigen Partner herum und fand nicht die Kraft zu einer sozialen Durchformung und Durchgliederung einer solch großen Zahl von Partnern" (LICHTENBERGER 1963, 24 f.).

Aber wenn man nicht von derartig ungünstigen Voraussetzungen wie einer Gruppengröße von 70 Kindern ausgeht, zeigt sich gerade dem aufmerksamen Beobachter, daß die Gruppe durchaus eine Strukturierung hat, auch wenn sie nicht für lange Zeit stabil bleibt. Natürlich sind Kleinkinder noch nicht fähig, Cliquen oder „Banden" zu bilden, die unabhängig von Erwachsenen, oft gerade in Opposition zu ihnen, existieren, vielleicht mit einem gewählten Anführer, festen Regeln, über deren Einhaltung gewacht wird, und einer weitgehenden Identifikation mit der Gruppe. Diese Erscheinungen in der Vergesellschaftung von älteren Schulkindern und Jugendlichen sind so auffallend und interessant für den Beobachter, daß darüber oft aus dem Blick gerät, welche Bedeutung – allerdings in anderer Weise – eine Gruppe Gleichaltriger auch schon für das Kleinkind haben kann und welche Vielfalt von Beziehungen sich in ihr entwickelt. – Aber auch aus dem Vergleich mit jüngeren Schulkindern werden oft falsche Schlüsse über die sozialen Beziehungen zwischen Kindergartenkindern gezogen. Während bei den älteren Kindern die starken Beziehungen zwischen Gleichaltrigen auffallen, findet man bei den Schulanfängern ein wenig ausgeprägtes Gruppenbewußtsein. „Soziometrische Untersuchungen in den ersten Schulklassen erweisen sich meistens als unfruchtbar, weil die Einstellungen der Kinder noch zu ungefestigt sind. Sie wechseln von einem Tag zum anderen, und in Wirklichkeit sind es höchstens 4, 5 Kinder, die sich näher kennen und ‚mögen' – doch auch diese Sympathieeinstellungen wechseln über Nacht. Daher bestehen auch noch keine eindeutigen Ablehnungen, die die berüchtigte ‚Schwarze-Schaf-Stellung' bedingen" (CORRELL 1965, 131). Daraus kann aber nicht gefolgert werden, daß die sozialen Beziehungen im Kindergarten noch unbeständiger sein müßten, weil die Kinder jünger sind. Der Kindergarten bietet im Gegensatz zur Schule eine Fülle von Möglichkeiten und Aufforderungen, gemeinsam etwas zu tun, sich zu helfen, sich gegen einen anderen zu wehren usw., in viel höherem Maße, als es im Klassenzimmer und in den kurzen Pausen möglich ist, und damit können sich vielfältigere Kontakte zwischen den Kindern entwickeln. Außerdem kennen sich die älteren Kinder im Kindergarten, an die hier im Vergleich zu den Erstkläßlern gedacht wird, teilweise schon Monate und Jahre. – Die geringen sozialen Beziehungen in den ersten Schulklassen entsprechen den augenblicklichen Gegebenheiten in den meisten Schulen und könnten durch andere Unterrichtsformen modifiziert werden (Correll 1965, 131). – Die sozialen Beziehungen in der Kindergartengruppe sollen nun in den folgenden Kapiteln eingehender dargestellt werden.

2. Die Binnengliederung

In einer Kindergartengruppe können sich Untergruppen verschiedenster Art bilden. Mit dem Terminus *Untergruppen* sind hier nicht Gebilde gemeint, die für längere Zeit fest gegeneinander abgegrenzt sind (obwohl es auch vorkommt, daß sich kleine Gruppen eine Zeitlang möglichst weitgehend von der Gesamtgruppe absetzen), sondern Verbindungen zwischen zwei und mehr Kindern, die meist locker gegen andere kleine Gruppen abgegrenzt sind, sich wandeln, sich vergrößern, auseinanderfallen, nur zu bestimmten Zeiten des Tageslaufs in Erscheinung treten usw. Es ist aber sinnvoll, hier von *Untergruppen* zu sprechen, wenn die betreffenden Kinder ein Gefühl der Zusammengehörigkeit haben und wenn diese kleinen Gruppen von den Mitgliedern selbst wie auch von den übrigen Kindern der Gesamtgruppe als gewisse Einheit gesehen werden.

a) Entstehung und Zusammensetzung der Untergruppen

Geschwister und Nachbarskinder: Eine besondere Art von Untergruppen bilden Kinder, deren Bindung auch unabhängig vom Kindergarten besteht und die nun ebenfalls in der großen Gruppe einen besonderen Zusammenhalt zeigen wie in den folgenden Beispielen:

Bei meinem ersten Besuch in einer Kindergartengruppe fiel mir ein Mädchen von 3;9 Jahren auf, das traurig und gelangweilt dasaß, und ich erfuhr von der Erzieherin, daß ihr Freund, der im gleichen Haus wohnte, an diesem Tag nicht im Kindergarten war. Bei den folgenden Besuchen konnte ich dann beobachten, wie sich der ältere Junge (5;2) trotz seines intensiven Spiels mit den Kameraden immer wieder liebevoll und beschützend dem Mädchen, das sich im Kindergarten noch nicht heimisch zu fühlen schien, zuwandte.

Untergruppen dieser Art werden für den Beobachter oft erst bei Konflikten sichtbar wie in der folgenden Szene:

Ich werde aufmerksam, weil Ursula (3;8) Frank (3;11) laut anschreit. Frank geht weinend durch den Raum, Hartmut (4;1) hält ihn tröstend am Arm. Jutta (4;6) hält ihre Schwester Ursula an der Hand, die sich sehr energisch gegen die Jungen verteidigt. Frank geht klagend zur Erzieherin, diese ruft Ursula zu sich. Ursula erklärt, Frank hätte Jutta gehauen, daraufhin hätte sie Frank gehauen. Hier verteidigt also die jüngere ihre ältere Schwester gegen einen größeren und kräftigeren Jungen.

Die Kinder können aber auch einander den Aufenthalt im Kindergarten erschweren und Spannungen in die Gruppe hineintragen.

So bildeten zwei Schwestern (6;2 und 5;0) eine sozusagen „negativ geladene" Untergruppe, d. h. sie stritten sich sehr oft, was angesichts der Tatsache, daß die ältere bei den Großeltern, die jüngere (und hübschere) Schwester bei den Eltern lebte, verständlich war.

Untergruppen können sich auch aus mehr oder weniger zufälligen äußeren Gegebenheiten heraus entwickeln wie in den folgenden Beispielen:
Einige Kinder sitzen über eine längere Zeit hinweg beim Essen am selben Tisch, diese Tischrunde wird durch irgendeine Besonderheit gekennzeichnet und als Gemeinschaft angesprochen. So gab es in einem Kindergarten einen „Lausbubentisch", und die Kinder waren stolz, dazu zu gehören.
Mehrere Kinder werden immer gemeinsam von jeweils einem Angehörigen mit dem Auto gebracht und abgeholt. Sie müssen also öfter zusammen warten, werden als „Kinder der X-Straße" aufgefordert, sich zu beeilen usw.

Spontane Gesellungen der Kinder: Kinder schließen sich aneinander an, weil sie gemeinsame Interessen haben, weil sie einander sympathisch sind usw. Hier soll ein bisher nur flüchtig berührter weiterer Aspekt näher behandelt werden: Eine kleine Gruppe kann sich auch um ein bestimmtes Kind als Mittelpunkt zusammenschließen. F. Redl (1960) spricht hier von einer „Zentralperson", die durch die gefühlsmäßigen Beziehungen, die ihr gegenüber bestehen, die Gruppenbildung hervorruft. F. Redl unterscheidet verschiedene Rollen, die diese Mittelpunktsperson spielen kann. Seine Beispiele beziehen sich zwar auf das Verhältnis zwischen Lehrer und Klasse oder zwischen Schulkindern, aber einige dieser Prozesse lassen sich, zumindest in Ansätzen, sicher auch bei Kindergartenkindern finden. So kann die Zentralperson ein Liebesobjekt oder ein Gegenstand aggressiver Antriebe sein, d. h. einige Kinder entwickeln Gruppengefühle zueinander in gemeinsamer Zuneigung zu einem besonders anziehenden Kind oder in gemeinsamer Ablehnung eines Kindes, das durch sein Verhalten, sein Aussehen, seine Herkunft oder aus anderen Gründen ihre Aggressionen hervorruft. – Einige Kinder scharen sich um ein Kind als „Führer", mit dem sie sich identifizieren und dem sie folgen. In einem anderen Gruppenprozeß steht im Mittelpunkt das sogenannte „schlechte Element“, d. h. ein Kind, das im Gegensatz zu anderen Kindern bei bestimmten Vorgängen keine Schuldgefühle empfindet. Die Gruppengefühle entwickeln sich, weil dieses Kind durch seine Konfliktlosigkeit auch den anderen Kindern Ängste erspart. Die mangelnde Selbstkontrolle kann auf einer tiefergehenden Störung der Persönlichkeit des Kindes beruhen, aber sein Verhalten kann auch dadurch verursacht sein, daß bestimmte Handlungen in der Familie oder einer Spielgruppe in seiner engeren sozialen Umgebung gebilligt werden – der Gebrauch von Ausdrücken, die den anderen Kindern als unanständig verboten wurden, sexuelle Neugierde, bestimmte Frechheiten u. a.

Der Einfluß der Erzieherin auf die Entstehung und Zusammensetzung der Untergruppen: Untergruppen können sich nur entwickeln und zur Geltung kommen, wenn die Erzieherin die Gruppe so führt, daß die Kinder vielfältige Gelegenheiten haben, soziale Beziehungen zu anderen Kindern aufzunehmen. So zeigte sich in der referierten Untersuchung von K. Gottschaldt und Ch. Frühauf-Ziegler, daß in einem Kindergarten, in dem die Kinder straff geführt wurden, „kaum engere Kontakte einzelner Kinder untereinander beobachtet werden konnten, (dagegen) fanden sich in einem anderen, in dem sich die Kinder freier bewegen konnten . . ., festere Zweier- und Dreierkontakte“ (S. 277 f.).

Die Strukturierung der Gruppe hängt also nicht nur von den Kindern, sondern in hohem Maße von der Erzieherin ab, und sie kann die Bildung verschiedener Untergruppen nicht nur zulassen, sondern auch ganz bewußt fördern und lenken. Zur Erläuterung dieses Problems soll ein Teil einer Untersuchung von F. Merei (1949) herangezogen werden, die im Kapitel über den „Anführer“ dann im ganzen referiert werden wird.

In zwei Kindertagesstätten wurde kleinen Gruppen von drei bis zu sechs Kindern, die zu diesem Zweck zusammengestellt worden waren, Gelegenheit gegeben, täglich 30–40 Minuten in einem besonderen Raum zu spielen. Nach einigen Tagen bildeten sich in den verschiedenen Gruppen eine Reihe neuer Regeln heraus, zum Beispiel über die Sitzordnung, eine bestimmte Verteilung des Spielzeugs, Spielfolgen usw., Ausdrücke eines Zugehörigkeitsgefühls tauchten auf, und ein Gruppenjargon entwickelte sich. In diesen Gruppen zeigten sich also sehr rasch eine Differenzierung und eine Festigung der sozialen Beziehungen, und das Gefühl der Zugehörigkeit vertiefte sich.

Wenn auch im täglichen Leben im Kindergarten diese für eine Untersuchung geschaffene Situation nicht vorkommt, so gibt es doch viele Möglichkeiten, Kinder in kleinen Gruppen eine Zeitlang ungestört spielen

zu lassen, so daß die Kontakte nicht gleich wieder von außen her gestört werden und ein Spielvorhaben nicht zu früh abgebrochen werden muß. Wenn diese Art des Zusammenspiels gepflegt wird, kann sich eine soziale Differenzierung innerhalb der Gruppe entwickeln.
Von der Arbeitsweise und den Erziehungszielen der Erzieherin hängt es auch weitgehend mit ab, ob sich Jungen und Mädchen zu Spielgruppen zusammenschließen oder ob die Untergruppen fast nur gleichgeschlechtlich sind.

In älteren Untersuchungen werden Unterschiede im Verhalten zwischen Knaben und Mädchen geschildert, wie wir sie heute, bei einer weniger starken und frühen Festlegung auf traditionelle Leitbilder, in diesem Maße nicht mehr finden. So beschreibt K. Fuxloch (1930) sehr anschaulich das unterschiedliche Verhalten von Knaben und Mädchen in einem ländlichen Kindergarten: Bei den Knaben sind freundschaftliche Ringkämpfe und Balgereien sehr beliebt, Schmerz wird wenig beachtet. Die Mädchen nehmen einander gern den Ball weg oder boxen sich gegenseitig, wobei dann gelegentlich die Unterliegenden in ein lautes Geheul ausbrechen. In der Gruppe der älteren Kindergartenkinder gibt es häufig Kämpfe zwischen Jungen und Mädchen, die Knaben jagen unter Anführung des „Führers“ den Mädchen nach, sie verteilen sich oft in den einzelnen Straßen, bis sie die Mädchen eingekreist haben. Die Mädchen rächen sich oft erst nach Tagen: Sie schließen sich zusammen und jagen einem einzelnen Knaben nach, den sie dann verprügeln. K. Fuxloch stellte ferner fest, daß Mädchen ungern mit Bausteinen spielen, sie verhalten sich nur nachahmend, während die Knaben selbständiger sind und Ideen haben.

Wenn die Erwachsenen bestimmte Vorstellungen davon haben, wie sich ein Junge und ein Mädchen benehmen müssen („ein Junge weint nicht“, „ein Junge spielt nicht mit Puppen“, „ein Mädchen ist nicht so wild“ ...), wird sich das Verhalten stärker unterscheiden, und wenn den Kindern vorwiegend unterschiedliches Spielzeug angeboten wird (Jungen: Autos ..., Mädchen: Puppen ...), werden sich Knaben und Mädchen sehr viel seltener in Spielgruppen zusammenfinden, als wenn es gebilligt oder sogar gefördert wird, daß auch Knaben mit in der Puppenküche kochen und Mädchen mit dem Bagger spielen. „Wenn Differenzierung nach Geschlechtern eintritt, dann handelt es sich nicht um echte Geschlechtsdifferenzen, sondern um die Wirkung bevorzugter Spielinhalte. Ob in dieser Bevorzugung bestimmter Spielinhalte schon tatsächlich eine ursprüngliche geschlechtliche Differenzierung zum Ausdruck kommt, ist sehr fraglich, da von Anbeginn an Mädchen und Knaben verschiedene Spiele (als ihnen angemessen) angeboten werden“ (Ruppert 1952, 117). – Wenn nicht beachtet wird, wie weitgehend die Zusammensetzung der Spielgruppen von der Erziehung abhängig ist, kann es leicht zu so widersprüchlichen generellen Aussagen kommen wie in zwei amerikanischen Lehrbüchern über den Kindergarten. J. C. Foster und N. E. Headley schreiben von Spielgruppen Fünfjähriger: „In diesen Gruppen sind für gewöhnlich Kinder gleichen Geschlechts" (1959, 17). H. M. LAMBERT meint dagegen: „Jungen und Mädchen im Kindergartenalter interessieren sich beide für Puppenspiele und Familienspiele. Dabei ahmen sie spielend das eigene Familienleben nach und imitieren die Eltern. Gewöhnlich gibt es keine Geschlechtsunterschiede im Spiel, Mädchen wählen oft Jungen als Spielkameraden und Jungen Mädchen" (1958, 54).

Die Zahlenangaben aus einer soziometrischen Untersuchung von MORENO in einer amerikanischen Public school zeigen wahrscheinlich eine Tendenz auf, die auch in vielen unserer Kindergärten und Schulen zu finden ist: Im Kindergarten machten die Wahlen zwischen Knaben und Mädchen 35,5 % aller Wahlen aus, in der ersten Klasse 32,9 %, dann sanken die Zahlen stark ab und stiegen erst wieder in der 8. Klasse an. Das heißt also, daß im Kindergarten Knaben und Mädchen noch oft zusammen spielen, die gleichgeschlechtlichen Gruppen herrschen bei den etwas älteren Schulkindern vor, bis sich dann erste heterosexuelle Interessen bemerkbar machen (MORENO 1967, 51).
In dem in Kap. III wiedergegebenen Soziogramm, das in einem deutschen Kindergarten aufgezeichnet wurde, wählten 12 Kinder jeweils zwei Spielkameraden. Dabei ergaben sich folgende Zusammensetzungen:
viermal wählte ein Junge zwei Jungen,
einmal wählte ein Junge ein Mädchen und einen Jungen,
einmal wählte ein Junge zwei Mädchen,
dreimal wählte ein Mädchen zwei Jungen,
dreimal wählte ein Mädchen zwei Mädchen.
Von den 24 Wahlen bei sechs Jungen und sechs Mädchen bezogen sich also 15 auf das gleiche und 9 auf das andere Geschlecht.

Die Erzieherin kann ebenfalls die Zusammensetzung der Untergruppen in Hinblick auf das Alter der beteiligten Kinder beeinflussen. So kann sie eine Gliederung nach Altersgruppen dadurch begünstigen, daß sie zum Beispiel jüngeren und älteren Kindern andere Rechte und Pflichten zuerteilt, ihnen verschiedene Angebote für eine Beschäftigung macht usw. Sie kann aber auch umgekehrt gerade die Zusammensetzung von kleinen Gruppen mit verschiedenaltrigen Kindern fördern, zum Beispiel wenn sie einige ältere Kinder darauf vorbereitet, wie sie einem jüngeren Kind, das neu in die Gruppe kommt, beim Einleben helfen können. So geschaffene Bindungen können über eine längere Zeit hinweg bestehenbleiben.

b) Die Bedeutung der Gruppenzugehörigkeit für die Kinder

Schon aus den oben angeführten Beispielen wird deutlich, daß die Zugehörigkeit zu Untergruppen eine sehr verschiedene Bedeutung für die Kinder haben kann. In den meisten Fällen helfen die kleinen Gruppen einem Kind bei der Orientierung innerhalb der Gesamtgruppe. Gerade das kleine

Kind ist in besonderem Maße auf persönliche Bindungen zu einzelnen Menschen angewiesen, es kann sich in ganz anderer Weise in der Gruppe heimisch fühlen, wenn es (bei einer Gruppenstärke von 20) nicht 19 anderen Kindern in gleicher Weise gegenübersteht, sondern zu einigen wenigen Kindern auch engere Bindungen hat. – Die Zugehörigkeit zu einer bestimmten Untergruppe kann auch ausgesprochen das Selbstgefühl eines Kindes und seinen Status in der Gruppe erhöhen – so kann es ein wichtiges Erlebnis für einen mehr am Rande stehenden Jungen sein, wenn er mit an den erwähnten „Lausbubentisch“ gesetzt wird. – Aber schon in dem Kapitel über „Freundschaft“ wurde darauf hingewiesen, daß sich Bindungen zwischen Kindern auch ungünstig auswirken können, zum Beispiel wenn sich Kinder – meist in einer stabilisierten Zweierbeziehung – von den anderen isolieren. Vor allem aber bei der Gruppierung um eine „Zentralperson als Gegenstand aggressiver Antriebe“ (Redl) ist es nicht nur im Interesse des angegriffenen Kindes notwendig, daß die Erzieherin versucht, diesen Prozeß umzulenken und zu verändern, sondern auch im Interesse der Kinder, bei denen ein Vergnügen daran aufbricht, andere Kinder zu quälen.

An dem Beispiel der beiden Schwestern, die sich ständig im Kindergarten stritten, wird auch das Problem deutlich, daß es nicht in jedem Fall ratsam sein kann, Geschwister oder vorher schon befreundete Kinder in dieselbe Gruppe aufzunehmen. Hier sind keine prinzipiellen Entscheidungen möglich. In jedem einzelnen Fall müssen die Gründe, die dafür und dagegen sprechen, sorgfältig abgewogen und schon getroffene Entscheidungen eventuell korrigiert werden, wenn es in geeigneter Weise möglich ist. In dem geschilderten Fall, wo die Schwestern eine gleichsam „negativ geladene“ Untergruppe darstellten, sprechen auch Gründe *für* die Aufnahme beider Kinder in dieselbe Gruppe: Man hofft, daß die beiden, in verschiedenen Familien lebenden Kinder sich im Kindergarten einander nähern; außerdem kann die Erzieherin, die beide Kinder betreut, besonders gut mit der Mutter über die aus der familiären Situation entstandenen Schwierigkeiten sprechen und die Probleme deuten. Trotzdem wäre wohl in diesem Fall eine Trennung beider Kinder ratsamer, da das ältere Kind täglich wieder erleben muß, wie die bei den Eltern lebende Schwester, die hübscher und zutraulicher ist, mehr Anerkennung erfährt.

Die Erzieherin muß also aufmerksam beobachten, welche Gruppierungen sich entwickeln und welche Bedeutung sie für die beteiligten Kinder haben. Aber wenn auch die Zugehörigkeit zu einer bestimmten Untergruppe für ein Kind nicht immer nur positive Auswirkungen hat – z. B. bei einer Gruppierung von Kindern um das sogenannte „schlechte Element“ –, so gehören doch auch die nie zu vermeidenden Gefährdungen und deren Überwindung unbedingt mit zur sozialen Entwicklung des Kindes.

c) Die Rangordnung

Ein zweiter Aspekt der Binnengliederung einer Gruppe ist die Rangordnung. Es fällt jedem Beobachter auf, daß Kinder unterschiedliche Stellungen in der Gruppe haben, einige sind bei allen beliebt, andere stehen mehr am Rande. Insgesamt gesehen entwickelt sich so etwas wie eine Rangordnung, wenn auch oft nur in Ansätzen und vor allem bei den älteren Kindergartenkindern; d. h. die Gruppe ist sich weitgehend darüber einig (wenn auch diese Beurteilungen meist nie verbalisiert werden und auch nicht klar bewußt zu sein brauchen), welche Kinder zum Beispiel besonders beliebt sind oder welchen Kindern man besonders viel zutraut.
ANNE MÜLLER konnte in einer Untersuchung über das Leistungsverhalten bei Kindergartenkindern beobachten, daß sich die älteren Kinder (5;0 – 6;10) während der Einzelversuche häufig nach den Leistungen ihrer Kameraden erkundigten, und zwar war die Bezugssetzung schon recht differenziert: Haben die Kinder Erfolg, erkundigen sie sich mit Vorliebe „nach den Leistungen älterer, ranghöherer ..., bei Mißerfolgserlebnissen zeigt sich das Umgekehrte: Das Kind vermeidet möglichst, auf ältere Kinder Bezug zu nehmen, es erkundigt sich vorsichtig nach den Leistungen solcher Spielkameraden, denen es nicht viel zutraut“ (MÜLLER 1958, 251). – Der Unterschied der Meinungen, ob sich das Leistungsverhalten beim Kind entwickelt, bevor sich ein soziales Bezugssystem herausdifferenziert (HECKHAUSEN 1965), oder ob dieses soziale Bezugssystem die Voraussetzung in kausalgenetischem Sinn für Leistungskonflikt und Anspruchsniveau ist (MÜLLER 1958), ist in diesem Zusammenhang nicht von Bedeutung (s. dazu HECKHAUSEN 1965, 679). Wichtig ist hier die Tatsache, daß beide Autoren es als selbstverständlich ansehen, daß sich in Gruppen älterer Kindergartenkinder eine soziale Rangordnung entwickeln kann. So schreiben auch K. GOTTSCHALDT und CH. FRÜHAUF-ZIEGLER: „Das Verhalten der Kinder (bei der Untersuchung ihrer Fähigkeit zur Kooperation, G. H.) hängt aber vor allem von der sozialen Stellung der größeren in ihrem gewohnten Kinderkollektiv ab. Fünf- bis sechsjährige Kinder zeigen schon eine gewisse Rangdifferenzierung in der Gruppe, die zwar nicht durchgehend und ständig auftritt, aber doch immer wieder zu bemerken ist“ (S. 273).
Im folgenden Kapitel über die Rollen in der Kindergartengruppe wird

auch das Thema der Binnengliederung wieder berührt, in Kapitel IV wird es dann erneut aufgegriffen, und Methoden zur Erfassung der Gruppenstruktur werden diskutiert.

3. Rollen in der Kindergartengruppe

In einer Kindergartengruppe treffen Kinder zusammen, die sich, so klein sie sind, doch schon auffallend voneinander unterscheiden. Sie haben verschiedene Interessen, Bedürfnisse, Fähigkeiten; und das Alter spielt selbst in einer jahrgangsweise zusammengefaßten Gruppe eine Rolle, denn die Differenz von 12 Monaten zwischen den Jüngsten und den Ältesten der Gruppe fällt in diesem Alter sehr ins Gewicht. Diese Unterschiede tragen viel zur Lebendigkeit des sozialen Lebens in der Gruppe bei, da sie verschiedenartige Kontaktaufnahmen und Reaktionen herausfordern. Es entwickeln sich vielfältige soziale Beziehungen, die abhängig sind von der augenblicklichen Situation und die von Spiel zu Spiel, von Tag zu Tag wechseln können. So kann sich zum Beispiel ein bewegungsmäßig ungeübtes Kind anfangs bei allen Spielen, die körperliche Geschicklichkeit erfordern, ängstlich zurückziehen und als Außenseiter zusehen, während es kurze Zeit später in einem Rollenspiel durch seine Phantasie das Spiel anregt und belebt.

Aber wenn ein bestimmtes Verhalten immer wieder auftaucht und weitgehend konstant bleibt, können sich allmählich die Erwartungen an ein bestimmtes Kind verdichten und verfestigen – daß es immer gute Einfälle hat oder immer schüchtern, weinerlich, ängstlich, vergnügt, rechthaberisch ist. Das Kind übernimmt allmählich (und wird durch die Erwartungen der anderen hineingedrängt in) die Rolle eines Anführers, eines Spaßmachers, eines schwarzen Schafes usw. Die beiden auffallendsten Stellungen in der Gruppe, die des Anführers und die des schwarzen Schafes, werden ausführlicher behandelt.

H. Popitz bezeichnet diese Gestaltungen als „Gruppen-Figuren". Er nennt zum Beispiel den Initianten oder Ideenproduzenten, auf dessen Einfälle man wartet, den Narren oder Alleinunterhalter, den Vertrauensmann und Beichtvater, die verschiedensten Spielarten des Anführers und die Prügelknaben. Sie liegen „als standardisierte Verhaltensmuster" parat und „werden in den verschiedenen Gruppen in sehr ähnlicher Form reproduziert oder auch direkt imitiert. Der Grundriß dürfte in einer bestimmten Kultur vom Kindergarten über den Stammtisch bis zum Altersheim nur wenig variieren" (Popitz 1967, 14). Der Terminus „Gruppen-Figur" anstatt Rolle wird aus folgendem Grund gewählt: „So penetrant diese festhaftenden Gruppen-Figuren für den Einzelnen aber gelegentlich sein mögen, — zum Rollencharakter fehlt ... hier das normative Gewicht" (S. 14). — Obwohl der Terminus „Gruppen-Figur" die hier zu beschreibenden Phänomene deutlicher kennzeichnet, soll doch in den folgenden Ausführungen, der üblichen Verwendung des Begriffs in der Literatur entsprechend, der Terminus „Rolle" auch für diesen besonderen Aspekt beibehalten werden — der Rolle, die man in der Gruppe spielt und die sich an persönliche Eigenschaften anheftet.

a) Der Anführer

Eugenia Hanfmann untersuchte dominierendes Verhalten in einer Kindergartengruppe von zehn fünfjährigen Jungen (1964). Die Kinder wurden in einem Nebenraum 15 bis 30 Minuten lang beim paarweisen Spiel mit Bausteinen beobachtet, zwei Beobachter protokollierten alles, was die Kinder taten und sagten. Jedes Kind wurde mit jedem andern Kind der Gruppe zusammengebracht (mit Ausnahme eines Kindes, das öfter fehlte); zu Kontrollzwecken wurden einige der Verbindungen mit anderem Spielmaterial wiederholt. Nach jeder Sitzung wurde von den beiden Beobachtern festgestellt, welches Kind das dominierende war, d. h. welches Kind sowohl sein eigenes Spiel wie das seines Gefährten bestimmte. Nach der Zahl der Partner, die ein Kind beherrschte, wurde eine Rangordnung aufgestellt. Es zeigte sich, daß beherrschendes Verhalten nicht nur auf einem Faktor beruhen kann, der im Ausmaß von Kind zu Kind wechselt, aber für jedes Kind konstant bleibt, denn dann müßte sich eine lineare Rangordnung ergeben, die tatsächlich nur für einen Teil der Gruppe entstand. Die wechselseitige Verbindung der fünf Kinder an der Spitze der Rangordnung ist jedoch komplizierter, und daraus kann man schließen, daß diese Kinder verschiedene Methoden des beherrschenden Verhaltens hatten.
Kind E (s. Abbildung) in einer mittleren Position kann über vier Kinder dominieren, weil es spielt, was es will, seine Bauklötze verteidigt und alle Wünsche des Partners abweist. Hier wird die beherrschende Stellung auf dem Weg der Isolierung erreicht. Von den vier Kindern an der Spitze der Rangordnung wird eine entgegengesetzte Taktik eingeschlagen: Jedes versucht, die Barriere zwischen sich und seinem Partner abzubauen, aber jedes tut es auf anderem Weg und in verschiedenem Ausmaß.
Kind C ist selbst bestimmt durch sein starkes Interesse am konstruktiven Spiel und bestimmt dadurch wiederum die anderen Kinder. Es hat genaue Pläne für sein Spiel und teilt sie dem andern Kind mit, das sie meist annimmt; dann leitet es die gemeinsame Tätigkeit, aber nimmt auch Vorschläge an. Wenn ein Streit entsteht, versucht es, ihn durch einen

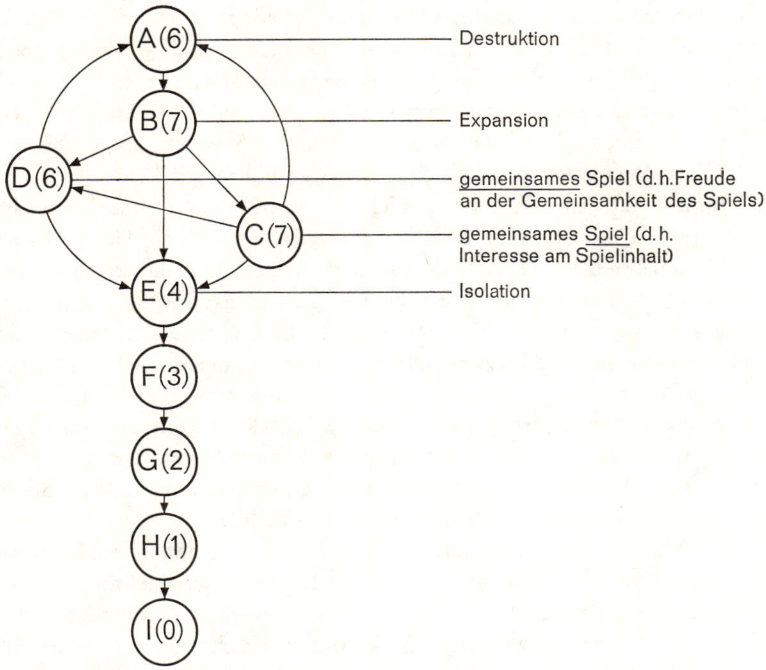

(Die Zahlen in den Klammern beziehen sich auf die Zahl der Partner, über die das Kind dominiert. – HANFMANN, S. 124)

Kompromiß zu lösen, zum Beispiel indem es einen Baustein im Tausch für den gibt, den es gerade braucht, oder indem es verabredet, wie man abwechselt oder zwei vorgeschlagene Tätigkeiten sinnvoll in einer vereinigt. Wenn dadurch der Konflikt nicht gelöst werden kann, beendet es gelegentlich das gemeinsame Spiel, indem es zum Beispiel sagt: „Ich baue einen Kamin, und du kannst machen, was du willst!" So ist der soziale Aspekt den Erfordernissen der Spieltätigkeit untergeordnet, E. HANFMANN spricht hier von einem objektiven Führer (S. 124).

Für Kind D dagegen ist nicht der Spielinhalt, sondern das Spiel mit einem anderen Kind das wichtigste Ziel. Seine Methoden, das andere Kind zu beherrschen, sind denen von C ähnlich, aber es geht weiter: es stellt die Einstellung seines Gefährten in Rechnung und entfaltet eine erstaunliche Geschicklichkeit und Flexibilität beim Versuch, dessen Widerstand aufzulösen und nicht zu brechen. Es beginnt ein gemeinsames Spiel nicht damit, daß es dem anderen Kind die Bausteine wegnimmt, sondern indem es seine anbietet; wenn es auf Widerstand trifft, läßt es einige Zeit vergehen, bevor es seinen Vorschlag wiederholt, meist in abgeänderter Form; gelegentlich überhört es einen Einwand oder, indem es ihn als einen Spaß behandelt, gelingt es ihm, daß das andere Kind es auch tut. Meist sind diese diplomatischen Methoden erfolgreich, aber bei einem ernsten Konflikt gibt es eher nach, als daß es das gemeinsame Spiel aufgibt. E. HANFMANN bezeichnet dieses Kind als einen sozialen Führer (S. 124).

Für Kind B hat das gemeinsame Spiel eine völlig andere Funktion, es ist ein Mittel der Ausbreitung und Entfaltung seiner eigenen Macht. Es ist weniger am Spiel interessiert als viel mehr daran, alle Bausteine zu bekommen, indem es der Initiator aller Unternehmungen ist und einen uneingegrenzten Oberbefehl über das andere Kind hat. Diesem wird kein Besitz und keinerlei Aktivität erlaubt, ausgenommen in einer untergeordneten Rolle, es ist praktisch aus dem Spiel ausgeschlossen. Aber Kind B läßt es nicht allein spielen, es nimmt die Hilfeleistungen und die Aufmerksamkeit des anderen in Anspruch und spricht von seinen eigenen Tätigkeiten, als wären sie eine gemeinsame Unternehmung: „Wir machen einen großen Zug" usw. So entartet das soziale in ein pseudosoziales Spiel, woran das eine Kind kaum wirklichen Anteil hat. Die Methoden sind ebenso primitiv wie wirkungsvoll: Bausteine werden mit Gewalt weggenommen, Proteste nicht beachtet, die Ansprüche des anderen zurückgewiesen durch Sätze wie: „Du kannst das nicht; das ist meins; ich will es selber tun", Versuche zur Aktivität werden unterdrückt, indem das Kind die Hände des Partners festhält usw. Kurz gesagt, das Kind verhält sich wie ein kleiner Gangster (S. 125).

Es scheint so, als ob das Kind, das solche Methoden gebraucht, unbesiegbar sein müsse. Aber da das Mittel für seine Herrschaft das Spiel ist, ist es machtlos gegen Kind A, das absichtlich die Spielsituation unterbricht. Es selbst baut nicht, und wenn das andere Kind damit beginnt, zerstört es sein Werk, auf Proteste antwortet es nur mit Gelächter. Das wird so oft wiederholt, bis das andere Kind alle Spielversuche aufgibt; als Zerstörer ist dieses Kind unbesiegbar. Aber bei den Kindern C und D machte es nur halbherzige Versuche der Destruktion und beobachtete meist mit Interesse ihr intensives Spiel. Ein anderes Mal sah es für eine Weile verzaubert zu bei dem konstruktiven Spiel des anderen Kindes und verfiel dann plötzlich in heftige Zerstörungswut. Diese Variationen seines Verhaltens ließen daran denken, daß das destruktive Verhalten des Kindes mit einem anderen Spielmaterial, das es interessierte, aber nicht zu schwierig für es war, eingedämmt werden könnte. Diese Erwartung wurde völlig erfüllt. Mit dem neuen Spielmaterial wandelte sich das Verhalten von A, es vertiefte sich ruhig in ein Spiel und nahm Methoden an, die denen von C und D glichen. Das zeigt, daß ein Verhaltensmuster des

Dominierens, das für ein Kind typisch ist, nicht starr und unveränderlich ist, sondern vom Partner und von der Tätigkeit abhängt. Daher spricht E. HANFMANN von Verhaltensmustern des Beherrschens und nicht von Typen von Beherrschern.

Als die Kinder gefragt wurden, mit wem sie am liebsten spielten, nannten acht von zehn Kindern C oder D, also die Jungen, die am Spielinhalt oder an der Gemeinsamkeit des Spiels das größte Interesse hatten und so ein glückliches und harmonisches Spiel herbeiführten, während es im Spiel, das von A und B beherrscht wurde, zu fortgesetztem Streit kam. (Die Kinder entschieden sich aber auch mit ihrer Wahl für C und D gegen das Fehlen irgendeiner Führung im Spiel.)

Wahrscheinlich ist es ein Zufall, daß E. HANFMANN mit C und D, dem objektiven und dem sozialen Führer, zwei Anführer gefunden hat, die weitgehend dem „Tüchtigen" und dem „Beliebten" entsprechen, die meist in Untersuchungen von Gruppen Jugendlicher und Erwachsener als Spitzenrepräsentanten auftreten (HOFSTÄTTER 1963, 431). Bei jüngeren Kindern entwickelt sich aber diese Polarität noch nicht in dem Maße; bei ihnen gibt es zwar auch beliebte Kinder ohne einen Führungsanspruch, aber oft fallen die beiden Rollen zusammen, da aus einer mehr globalen Werthaltung heraus der Beliebte für sie auch alles am besten kann (HÖHN und SCHICK 1954, 10). Aber wenn auch die Herauskristallisierung gerade dieser beiden Rollen nicht immer zu finden ist, so wird man dagegen in jeder Gruppe beobachten können, in welch unterschiedlicher Art und Weise ein Kind über einen oder mehrere Partner bestimmen kann. Zum Beispiel unterscheidet M. B. PARTEN als Führertypen den Diplomaten und den Tyrannen (PARTEN 1933 a; SWIFT 1964, 273).

Ein Spielführer, der den Kindern C und D bei E. HANFMANN ähnelt, ist Werner (s. Protokoll S. 24 f.). Ein solches Kind findet immer Gefährten, die gern in dem von ihm angeregten Spiel mitmachen. Dagegen lenkt Sigrid in dem folgenden Protokoll das Spiel ihrer jüngeren Gefährten vor allem durch Kommandieren – trotzdem machen sie gern mit, weil Sigrid die meisten Ideen hat.

Sigrid (4;8) geht mit Frank (4;3) und Uwe (3;10) sofort in die Puppenecke. Sie beschäftigt sich mit Puppe und Puppenwagen: „Mein Kind muß schlafen." Sie geht zum Schrank: „Von meinem Kind die Sachen holen." — Sie deckt den Tisch, an dem Uwe sitzt. Dann legt sie sich auf die Erde und ‚schläft'; steht wieder auf und sagt: „Du darfst nicht mit uns spielen, Gabi, geh raus; Ruth, geh weg!" Gabi (3;10) bleibt aber in der Puppenecke, Sigrid spricht mit ihr und wiederholt die Ablehnung nicht mehr. Sigrid holt drei Stühle und macht sich ein Bett daraus. Zu Monika und Ruth, die zusehen: „Ihr dürft hier nicht mitspielen." Frank zu ihnen: „Hier ist eine Sperre." Frank deckt Sigrid zu. Das Kopfkissen fällt herunter, Sigrid: „Heb mir mal mein Kissen auf." Gabi tut es. Gabi setzt sich an die

Wand und ‚schläft‘ auch. Sigrid: „Uwe, du mußt machen, als wenn ich krank bin.“ Frank bringt ihr zu essen. Sigrid: „Du mußt einen Löffel nehmen.“ Frank zu Gabi: „Ich bin der Onkel Doktor. Bist du die Krankenschwester?“ Sigrid: „Ich bin immer noch nicht gesund. Ihr müßt mir was zu trinken geben.“ Frank: „Ich habe dir doch was gegeben.“ Sigrid: „Ihr müßt mir noch einen Stuhl hinstellen, ich bin zu groß.“ Frank stellt noch einen Hocker dazu. (Das Spiel geht in dieser Weise noch eine halbe Stunde weiter, bis die Erzieherin aufräumen läßt.)

Die bisherigen Ausführungen werden bestätigt und erweitert durch die bereits erwähnte Untersuchung von F. Merei (1949). In zwei Kindertagesstätten wurden in systematischen Beobachtungen die Kinder ausgesucht, die viel befahlen, von den anderen oft nachgeahmt wurden, die Initiative und Durchsetzungsvermögen zeigten. Die anderen Kinder wurden in zwölf kleine Gruppen von drei bis zu sechs Kindern zusammengestellt und bekamen täglich für 30–40 Minuten einen eigenen Spielraum. Sie schlossen sich sehr bald aneinander an, und es bildete sich eine Reihe von Normen über ihr Zusammensein aus, zum Beispiel über die Verteilung des Spielzeugs. Dann wurde jeweils einer der ausgewählten Anführer, der zudem älter war als die Gruppenmitglieder, in die Gruppe hineingestellt, und das eigentliche Experiment konnte beginnen. Es zeigte sich, daß der Führer in fast allen Fällen gezwungen wurde, die Gruppennormen, die *vor* seinem Eintritt entwickelt worden waren, anzunehmen. In einer Gruppe zum Beispiel, die besonders strenge Traditionen entwickelt hatte, wurde mit einem Puppenhaus und zwei Puppen gespielt. Der Junge, der eineinhalb Jahre älter als die anderen war, trat in die Gruppe bei ihrem 4. Treffen ein. In der 4. und 5. Spielperiode versuchte er, Neuerungen einzuführen, beispielsweise gemeinsames Singen. Als er anfing zu singen, folgten ihm die Kinder kurze Zeit, dann kehrten sie zu ihrem Spiel zurück. In der 6. Spielperiode schloß sich der Führer ihnen an. Hier und da begann er neue Tätigkeiten, aber niemand folgte ihm. Nach der 7. und 8. Zusammenkunft deutete nichts mehr darauf hin, daß dieses Kind früher einmal ein Anführer unter ihnen gewesen war. – Dieser Fall ist aber insofern eine Ausnahme, als die anderen in die Gruppen hineingestellten Führer zwar wie dieses Kind auch die Traditionen übernahmen, aber doch eine Möglichkeit fanden, die Führungsrolle trotzdem zu spielen. F. Merei unterscheidet hier dreierlei verschiedenes Vorgehen:

1. Der Befehlende ahmt zwar die anderen nach, er übernimmt ihr Verhalten, aber er befiehlt ihnen, was sie sowieso schon tun wollten.

2. Der Besitzergreifende eignet sich alles Spielzeug an und verteilt es dann in dem Sinne, wie die Kinder es vorher auch unter sich verteilt hatten.

3. Der Diplomat akzeptiert zwar die Traditionen, aber um sie zu ändern; er beginnt mit kleinen und unbedeutenden Veränderungen und führt all-

mählich neue Elemente ein. Das gelingt aber nur Kindern mit hohem sozialem Einfluß und einem großen Maß an Initiative.

Zu den weiteren Einsichten, die F. MEREI über die Dynamik des Gruppenlebens gewinnen konnte, gehört das Verhältnis des Außenseiters zu dem neu in die Gruppe kommenden „Anführer"; er nimmt mit dem Neuankömmling am ehesten Kontakt auf. In einer Gruppe betrug das Verhältnis von freundlichen zu feindlichen Stellungnahmen zu dem Kind, das neu in die Gruppe gekommen war, 50 : 50, aber 94 : 6 beim Außenseiter. Der „Anführer" zog ihn bald ganz auf seine Seite, aber aktivierte ihn auch beträchtlich. In seiner Gegenwart verminderten sich die Perioden seines Untätig- oder Alleinseins oft um mehr als 50 Prozent. – Ist die Gruppe aber sehr stark und lehnt den neuen Führer ab, so kann das am Rande stehende Kind, das sich an ihn angeschlossen hatte, noch mehr isoliert werden.
Die Untersuchung F. MEREIS macht noch einmal deutlich, was vorher schon beschrieben worden ist: Kinder haben eine unterschiedliche Stellung in der Gruppe, es gibt Kinder, die öfter anführen, und andere, die öfter folgen, einige Kinder stehen mehr im Mittelpunkt, andere am Rande.

Als Beispiel für die Verteilung von verschiedenen Verhaltensweisen des Führens und Geführtwerdens kann die oben schon erwähnte Untersuchung von W. JOËL (1936) herangezogen werden. 467 Kinder wurden von ihren Erzieherinnen auf die 20. Frage – „Wo ist sein Platz in der Gruppe?" – folgendermaßen eingestuft:

Zahl der Kinder	durchschnittl. Alter	
33	4;6	1. Regt Gruppenspiele an, übernimmt immer die Führung.
120	4;2	2. Regt Gruppenspiele an, ist aber nicht immer der Anführer (er übernimmt z. B. die Führung bei bestimmten Unternehmungen oder in bestimmten begrenzten Gruppen).
179	3;9	3. Ist weder Anführer noch einer, der alles mitmacht (übernimmt keine Führerrolle, macht sich aber in der Gruppe bemerkbar).
100	3;6	4. Ist immer ein Mitläufer; die Gruppe schenkt ihm kaum Beachtung.
35	3;1	5. Hat keinen Kontakt zu einer Gruppe.

Die Stellung des Kindes in der Gruppe steht aber nicht für immer oder auch nur für längere Zeit fest, sondern kann sich durch die Zusammensetzung der Gruppe und andere Bedingungen ändern. Das ist besonders im Hinblick auf das abgelehnte Kind in einer Gruppe von Bedeutung.

b) Das abgelehnte Kind

In jeder Gruppe scheint eine Tendenz vorhanden zu sein, die Rolle eines Außenseiters, Prügelknaben, schwarzen Schafes auszuprägen, in die ein Gruppenmitglied hineingedrängt wird, das den anderen unsympathisch ist, das wesentliche Gruppennormen verletzt usw. Hier ist noch einmal an die „Zentralperson als Gegenstand aggressiver Antriebe" (REDL) zu erinnern. Dieser Gruppenprozeß wurde im Zusammenhang mit den Untergruppen dargestellt (Kap. II, 2) und kann auch auf die ganze Gruppe bezogen werden: Eine Gruppe empfindet sich als Einheit, und das Gefühl der Zusammengehörigkeit wird noch verstärkt, wenn sie sich in der Ablehnung eines Gruppenmitglieds (und damit umgekehrt auch in der Bestätigung der ihr wichtigen Kriterien) trifft. Durch diese Gemeinsamkeit fallen Hemmungen weg, die die Mitglieder haben, wenn sie als einzelne gegenüber einzelnen Antipathien empfinden; in der Gruppe kann ein Mensch in viel rigoroserer Weise abgelehnt, verspottet, geärgert, gequält werden. Man fühlt sich moralisch entlastet, weil die anderen sich ebenso verhalten, und außerdem kann man ein Vergnügen daran, den Aggressionen freien Lauf lassen zu können, damit begründen und entschuldigen, daß man sich doch für die Gruppe einsetze. – Nicht in jedem Fall wird ein Außenseiter mit soviel Heftigkeit abgelehnt, er kann auch ignoriert werden, er stellt einen gerade noch geduldeten Mitläufer dar, er wird nicht ernst genommen.

Den mehr oder weniger intensiv abgelehnten Außenseiter scheint es in fast jeder Gruppe zu geben. E. HÖHN und M. KOCH fanden in ihren Untersuchungen bei Schulkindern keine Klasse, „die nicht einen oder mehrere Schüler aufzuweisen gehabt hätte, die als Außenseiter am Rande des Gemeinschaftsgefüges standen" (1954, 273).

Der Außenseiter antwortet auf die Ablehnung, die ihn schmerzhaft trifft, mit Verhaltensweisen, die ihn meist noch unbeliebter machen: Er bemüht sich in übertriebener Weise um Anerkennung, er wird aggressiv, er zieht sich entmutigt zurück (eventuell als zweite Phase, wenn seine vorherigen Aggressionen erfolglos blieben), er ist mürrisch, ablehnend, voller Selbstmitleid usw. Die Gruppe reagiert darauf mit noch schärferer Ablehnung, die wiederum noch heftigere Reaktionen hervorruft, und so gerät der Außenseiter leicht in einen Teufelskreis.

Diese gruppendynamischen Prozesse müssen aber nicht zwangsläufig so verlaufen, sondern können durch Gruppenmitglieder beeinflußt werden. In der Schulklasse ist es vor allem der Lehrer, der durch sein Erziehungsverhalten die Situation eines Außenseiters ändern und die Intensität der Ablehnung, die er erfährt, beeinflussen kann. So fanden K. LEWIN, R. LIP-

PITT und R. K. WHITE (1939) in ihrer Untersuchung über das Sozialverhalten in autoritär oder demokratisch geführten Kindergruppen: „Die ablehnende Reaktion gegenüber den Versagern und Außenseitern der Gruppe war bei autoritärer Führung viel stärker ausgeprägt als in der demokratisch geleiteten Gruppe. Im ersteren Fall gibt es einen ausgesprochenen Prügelknaben, an dem die angestauten Aggressionen der in ihrer freien Entfaltung gehemmten Gruppenmitglieder abreagiert werden, im zweiten Fall ist der Ranggradient in der Gruppe weniger steil, auch die relativ weniger Angesehenen sind integriert, ein Sündenbock fehlt" (zitiert nach E. HÖHN 1967, 31).

Während das Problem des Außenseiters für andere Gruppen, vor allem für Schulklassen, schon eingehender untersucht wurde, ist es bisher für den Kindergarten noch nicht genügend beachtet worden. Wenn sich auch die Gruppenprozesse überall in ähnlicher Weise abspielen, so sind doch genauere Untersuchungen notwendig, um die Besonderheiten zu erfassen, die sich durch das Alter der Kindergartenkinder, das engere Zusammenleben im Kindergarten, der noch keine Leistungsgruppe ist, und durch die stärkere Bindung an die Erzieherin ergeben.

Da Untersuchungen über diese Fragen noch fehlen, können hier also nicht wie in anderen Kapiteln einschlägige Arbeiten herangezogen und referiert werden. – Auch einzelne, in Protokollen festgehaltene Verhaltensbeobachtungen besagen in diesem Zusammenhang nicht viel, da hier vor allem Längsschnittuntersuchungen notwendig wären. Der Beobachter müßte also längere Zeit in einem Kindergarten verbringen, und er müßte auch das Vertrauen der Kinder haben, wenn er mehr erfahren will, als daß ein Kind abseits steht und von Spielen ausgeschlossen wird. (Es wird zum Beispiel schwer sein, als Außenstehender von den Kindern Auskünfte zu erhalten, wie sie in dem folgenden Bericht über Gabi stehen.)

Für dieses Kapitel wurden daher als instruktivstes Material, das zur Verfügung stand, die Berichte einer Jugendleiterin über vier Kinder, die in der letzten Zeit ihren Kindergarten besuchten, ausgewählt und interpretiert.

1. *Gabi* besuchte den Kindergarten im Alter von 4;10 bis zu 6;10 Jahren. Die Familie lebt in gesicherten Verhältnissen, und das Familienleben macht einen harmonischen Eindruck. Gabi ist ein hübsches, gepflegtes, nett gekleidetes, geschicktes und graziles Kind. Zuerst besuchte sie eine Gruppe mit nur wenigen jüngeren Kindern zwischen drei und vier Jahren, in der sie nicht auffiel. Da bei den jüngeren Kindergartenkindern Freundschaften und Rivalitäten noch keine so große Rolle spielen und sich erst langsam entwickeln, zeigten sich die Kontaktschwierigkeiten dieses Kindes erst später: Als Gabi mit einigen anderen Kindern ihrer alten Gruppe zusam-

men zu den „Großen“ kam, veränderte sich ihr Verhalten, sie weinte viel. Unter den Mädchen wurde damals oft die Frage erörtert, wer wessen Freundin sei. Gabi fragte dann irgendeins der Mädchen immer wieder: „Bist du meine Freundin?“ Den Kindern war das lästig; wenn sie die Frage verneinten, kam Gabi weinend zur Erzieherin, diese oder jene wolle nicht ihre Freundin sein. – Die Jungen knufften und pufften sie, weil sie sich immer an die Kinder „heranpirschte“ und sich wie eine Klette an sie hing. Zwei Begebenheiten, die von der Erzieherin beobachtet wurden, zeigen, in welchem Maße sich ein Groll gegen Gabi entwickelt hatte:

Michael, ein besonders gutmütiges Kind, das wegen seiner Ruhe, Überlegenheit und Gerechtigkeit von den anderen Kindern häufig als Schiedsrichter angerufen wurde und ein sehr begehrter Spielkamerad war, brachte eines Morgens eine Eisenstange mit in den Kindergarten. Auf die Frage der Jugendleiterin, was er damit machen wolle, antwortete er: „Damit will ich der Gabi eins überziehen.“

Die Jungen gruben im Sand ein tiefes Loch und überlegten dabei, wie sie es mit Stöcken abdecken könnten, damit niemand merke, daß da ein Loch sei. Die Jugendleiterin, die sich erkundigte, was sie vorhätten, erhielt zur Antwort, das sei eine Falle für Gabi.

Aus der Schule, die Gabi jetzt besucht, wird berichtet, sie käme gut mit, aber ihr Verhalten sei ähnlich wie im Kindergarten, und sie weine oft.

Wie ist dieser Fall zu klären? Es handelt sich um einen sehr gut geführten kleinen Kindergarten, die Kinder wurden also nicht etwa durch einen autoritären Führungsstil dazu gebracht, für ihre angestauten Aggressionen einen Sündenbock zu suchen und ihren Ärger an ihm abzureagieren. Auch eine zweite plausible Erklärung trifft nicht zu: Oft werden häßliche oder schmutzige Kinder oder Kinder mit einem Gebrechen abgelehnt. Gabi ist aber ein hübsches, gepflegtes und begabtes Kind. Die Erzieherin vermutet, daß der Grund der Ablehnung in einer von der Mutter übernommenen Haltung liegen könne, die selbst wohl das Gefühl hat, als hübsche, aber nicht kluge Frau in der Familie, in deren Geschäftsbetrieb sie eingeheiratet hat, nicht ganz anerkannt zu werden. Die Einstellung der Mutter wird an folgendem Beispiel deutlich: Sie rief eines Tages im Kindergarten an, Gabi sei unglücklich nach Hause gekommen, die Kindergärtnerin habe gesagt, alle sollten am nächsten Tag Schlitten und Skier mitbringen, nur Gabi dürfe ihre nicht mitbringen. – Diese Behauptung, die sich als völlig unbegründet erwies, war von der Mutter sofort geglaubt worden. – Auf jeden Fall hatte sich für Gabi eine Art von Teufelskreis ergeben: Sie fühlte sich zurückgesetzt, kämpfte daher um Freundschaft und stieß damit die anderen Kinder ab, ihre Unsicherheit und ihre Bemühungen vermehrten sich dadurch usw.

2. Hier war also ein hübsches, gepflegtes Kind ein „schwarzes Schaf"; ein verunstaltetes Kind, *Rita*, wurde dagegen von der Gruppe akzeptiert. Sie besuchte den Kindergarten von 4;6 bis zu 6;1 Jahren. Rita hatte ein besonders häßliches Ekzem an Gesicht und Extremitäten. Manchmal sagte zwar ein Kind: „Ich mag sie nicht so gern anfassen" (sogar die Erwachsenen kostete es einige Überwindung), aber Rita antwortete dann zum Beispiel, ohne gekränkt zu sein: „Faß mich doch am Ärmel an". Sie wurde selbst in irgendeiner Weise mit ihrer Entstellung fertig, und das half ihr auch, guten Kontakt zu den Spielkameraden zu gewinnen. – In der Schule ergaben sich ebenfalls keine besonderen Schwierigkeiten. Wahrscheinlich bedeutete es auch für Rita eine Erleichterung, daß sie mit einigen Kindergartenkindern in die gleiche Klasse kam und die freundschaftliche Bindung zu ihnen erhalten blieb.

3. Etwas klarer als bei Gabi liegt der Fall bei *Thomas*. Er besuchte den Kindergarten im Alter von 5;7 bis zu 6;7 Jahren. Seine Eltern, beide Akademiker, ließen sich in dieser Zeit scheiden, Thomas wohnte bei den Großeltern. Durch einen fast ausschließlichen Umgang mit Erwachsenen und durch das Fernsehen hatte Thomas sich schon viel Wissen angeeignet, aber er hatte kein Interesse daran, mit anderen Kindern Kontakt aufzunehmen, er unterhielt sich lieber mit den Erwachsenen. Die Kinder fand er „blöd" und das, was im Kindergarten getan wurde, „doof", er weigerte sich, bei den Spielen der Kinder mitzumachen, aber man konnte merken, daß er Angst hatte, er könne etwas nicht – in den Techniken, die den anderen Kindern geläufig waren, war er ungeübt, er konnte z. B. kaum mit einer Schere umgehen. Eine Zeitlang spielte er bei einem kleinen, zarten Mädchen den Beschützer, bis es ihr lästig wurde und sie sich ihm entzog. (Man spürte, daß Thomas von den Schwierigkeiten seiner Eltern einiges mitbekommen hatte, das Thema Mann und Frau beunruhigte ihn und kehrte immer wieder.) – Die anderen Kinder mieden ihn, er war ihnen zu langweilig und zu arrogant. Da Thomas körperlich stark erschien, trauten sich die Kinder anfänglich keine Handgreiflichkeiten ihm gegenüber zu, erst im Laufe der Zeit kamen gelegentlich Raufereien vor. Die Ablehnung zeigte sich vor allem darin, daß sie ihn nicht beachteten. (Es konnte nicht beobachtet werden, daß Thomas seine Außenseiter-Stellung schmerzlich empfand.)

Gegen Ende seiner Kindergartenzeit, nachdem die Angst vor einem Versagen, die wohl einer der Gründe für sein großspuriges Verhalten war, abgebaut worden war, normalisierten sich seine Beziehungen zu den anderen Kindern ein wenig, da er nicht mehr gegen alles protestierte und sich nicht mehr ausschloß. Er fand einen gewissen Kontakt zu der Gruppe, kam aber nicht mehr so weit, daß er mit einigen Kindern Freundschaften eingehen konnte.

4. Das vierte Beispiel wurde gewählt, weil es sich hier um ein Kind handelt, das trotz seines störenden Verhaltens nicht abgelehnt wurde. *Martin* besuchte den Kindergarten im Alter von 6;3 bis zu 7;1 Jahren. Er war wieder ausgeschult worden, da ihm die erforderliche „soziale Reife" fehlte, so berichteten es die Eltern. Martin war in seiner Entwicklung weit hinter gleichaltrigen Kindern zurück, besonders in geistiger, aber auch in körperlicher Hinsicht. Die Familie schien ihm keinen genügenden Rückhalt zu geben. Die Mutter schickte ihn schon morgens auf die Straße, er streifte in der Umgebung herum, war abstandslos im Umgang mit anderen Kindern und Nachbarn, kannte keine Grenzen und stieß durch sein Verhalten bei den Eltern der Nachbarskinder zunächst auf Mitleid, später auf Unwillen. Den Kindern wurde verboten, mit Martin zu spielen oder ihn mit ins Haus zu bringen, weil man bei ihm auf alles gefaßt sein mußte. – Martin freute sich nun sehr auf den Kindergarten, vorher war er schon öfter zu Besuch gekommen, und in der ersten Zeit benahm er sich mustergültig. Er fühlte sich gleich „zu Hause", die übliche Zeit des Eingewöhnens mit den ganz natürlichen Schwierigkeiten gab es kaum, vielleicht drückte sie sich lediglich in einem für ihn erstaunlich ruhigen Verhalten während der ersten beiden Wochen aus. Aber dann kam es mehrmals täglich wegen Lappalien zu unberechenbaren und sehr heftigen Wutanfällen. Die Kinder hatten unter ihm zu leiden, er kniff und schlug sie; sie waren dann wütend, aber hinterher auch wieder gut Freund mit ihm. Die Erzieherinnen sagten den Kindern immer wieder, daß Martin noch nicht lange im Kindergarten sei und noch nicht wüßte, wie man sich dort benehmen müsse. Sie selbst bemühten sich sehr um ihn, und so spürten die Kinder, daß er irgendwie anders behandelt werden müsse; sie versuchten, ihn zu beruhigen, sie gaben im Streit nach. Martin erleichterte ihnen diese Großmütigkeit aber auch dadurch, daß er wiederum etwas Liebenswürdiges an sich hatte; er konnte sich spontan entschuldigen, wenn er jemandem weh getan hatte, er verschenkte etwas usw.

Dieser Fall konnte im Kindergarten nicht geklärt werden. Eine genaue Diagnose lag nicht vor; in der Erziehungsberatungsstelle hatte er nur Beruhigungstabletten verschrieben bekommen. Eine Zusammenarbeit mit der Mutter entstand nicht, da diese zu sehr mit ihren eigenen Interessen beschäftigt war. In diesem Zusammenhang geht es aber auch weniger um die Ursachen des störenden Verhaltens von Martin als um die Reaktion der Kinder darauf.

Wir haben hier also vier verschiedene Fälle, die alle anders verliefen, als man bei flüchtiger Kenntnis der Daten hätte annehmen können: Gabi, ein hübsches und gepflegtes Kind, wurde von der ganzen Gruppe abgelehnt, Rita, ein entstelltes Kind, dagegen nicht; Thomas störte das tägliche Leben im Kindergarten nicht, wie Martin es mit seinen Wutanfällen und Aggressionen tat, trotzdem mieden die Kinder Thomas, während sie Martin gern hatten.

In jedem dieser Fälle ergaben sich durch Reaktionen des betreffenden Kindes andere Reaktionen der Gruppe und wiederum andere Anknüpfungspunkte für die pädagogische Arbeit. Im Falle Rita konnten die Erzieher mit den Kindern über Ritas Krankheit sprechen, die für die Kinder einsichtig war, und mit Erfolg an ihre Hilfsbereitschaft appellieren, dagegen war es nicht möglich, bei den Kindern Verständnis für Gabi zu wecken. Da weder ein verwahrlostes Äußeres noch mangelnde Fähigkeiten die Ursache für ihr Verhalten waren, kamen auch andere Hilfen, die bei manchen Kindern zu einer besseren Integration führen können, nicht in Betracht (wie der Versuch, durch Zusammenarbeit mit den Eltern das äußere Erscheinungsbild des Kindes zu verbessern oder durch besondere Förderung seine Ungeschicklichkeit, wegen der es verspottet wird, zu beheben). – Bei Thomas hatten diese – für die Eingliederung in die Gruppe gesehen – indirekten Hilfen einen gewissen Erfolg. Da ihm genügend Gelegenheit gegeben wurde, sich allein mit den Aktivitäten im Kindergarten, die ihm fremd waren, vertraut zu machen (Malen, Bauen, Kneten ...), fühlte er sich sicherer und brauchte nicht mehr abzulehnen, was die anderen Kinder gern taten; damit verbesserte sich sein Kontakt zu der Gruppe. – Bei Martin war es von Bedeutung, daß zwar zeitweilig sein Verhalten, wenn er seine Wutanfälle bekam, von den Erziehern nicht gebilligt wurde, daß das Verhältnis zu den Erwachsenen aber dadurch nicht berührt wurde und man ihn weiterhin völlig akzeptierte. Das half auch den Kindern, sich zwar gegen Martins Angriffe zu wehren, ihm aber nichts nachzutragen.

Folgendes können wir aus diesen Berichten festhalten: Trotz aller Bemühungen der Erzieherinnen können in einer sonst friedlichen Kindergartengruppe einige Kinder für längere oder die ganze Zeit ihres Kindergartenbesuchs abgelehnt werden. Diese Ablehnung geht weit über Zerwürfnisse in der Art hinaus, daß ein jüngeres Kind energisch weggeschickt wird, wenn es sich an einem Spiel der „Großen" beteiligen will. In den Fällen, an die hier gedacht wird, handelt es sich dagegen tatsächlich um eine tiefergehende Abneigung, um eine Ablehnung der Person des Kindes. – Es kann aber noch nichts Genaueres darüber ausgesagt werden, welche Kinder vorwiegend abgelehnt werden. (Über die entsprechenden Vorgänge in der Schule liegt schon mehr Material vor, hier spielen neben dem äußeren Erscheinungsbild des Kindes und seiner Herkunft, zum Beispiel aus einer anrüchigen Wohngegend, die Schulleistungen eine wichtige Rolle; vgl. Höhn und Koch 1954; Höhn 1967.)

Die Erzieherin kann, wenn sie aufmerksam und einfallsreich ist und einen guten Kontakt zu den Kindern hat, oft von vornherein verhindern, daß ein Kind in eine Außenseiterstellung gerät. Andererseits braucht es aber nicht immer ein Zeichen für eine besonders gute pädagogische Arbeit zu sein, wenn von einer Gruppe berichtet werden kann, daß kein Kind abgelehnt wird. Die Ursache könnte dann auch darin liegen, daß die Kinder so streng geführt werden, daß niemand wagt, seiner Abneigung gegen ein anderes Kind Ausdruck zu geben – sie zeigt sich dann nur, und zwar mit besonderer Heftigkeit, wenn keiner der Erwachsenen anwesend ist, zum Beispiel auf dem Heimweg, und ist damit auch stärker den Möglichkeiten der Erzieher, hier zu helfen, entzogen.

In manchen Fällen kann sicher wesentliche Hilfe geleistet werden, um einen Außenseiter in die Kindergartengruppe zu integrieren. Andererseits muß man sich aber klarmachen, daß auch intensive pädagogische Bemühungen um das betreffende Kind, die Eltern und die Gruppe erfolglos bleiben können und eine weitere Behandlung des Kindes (Erziehungsberatungsstelle, Spieltherapie ...) anzuraten ist.

III. Voraussetzungen für die pädagogische Arbeit

Die Bildungsaufgaben des Kindergartens können nur erfüllt werden, wenn die notwendigen Voraussetzungen gegeben sind und von den Erziehern in richtiger Weise genutzt werden. Für die soziale Erziehung, die hier allein betrachtet wird, kann viel gewonnen werden, wenn Fragen der Organisation, der Einrichtung, der Gruppenzusammensetzung etc. sehr genau bedacht werden. Das Erziehungsfeld kann dann in einer Weise strukturiert werden, daß „nötigende Situationen" (LANGEVELD) auch ohne das momentane Eingreifen der Erzieher entstehen. Daher sollen die äußeren Gegebenheiten, die sich auf die soziale Erziehung in besonderem Maße auswirken, etwas ausführlicher dargestellt werden.

1. Größe und Anlage des Kindergartens

Das Kleinkind kann sich im Kindergarten nur heimisch fühlen, vielfältige soziale Kontakte anknüpfen und sich in gewissem Ausmaß frei und selbständig bewegen, wenn der Kindergarten insgesamt nicht zu groß ist. (Der Pestalozzi-Fröbel-Verband empfiehlt eine Größe von 60 bis 80 Plätzen.) Ein Kindergarten von 150 und mehr Plätzen wird für das Kind unübersehbar. Bei einer derartigen Größe ist auch das Einzugsgebiet entsprechend groß, und damit liegt der Kindergarten nicht mehr in nachbarschaftlicher Nähe des Elternhauses. In einer kleineren Einrichtung können sich leichter Kontakte zwischen den Eltern und zwischen ihnen und den Mitarbeitern im Kindergarten ergeben, und in diesen informellen Begegnungen wird die Zusammenarbeit entscheidend gefördert.
Eine weitere wichtige Vorbedingung für die pädagogische Arbeit ist der eigenständige Gruppenbereich. Zu einer solchen Wohneinheit für die Gruppe gehören außer dem Gruppenraum noch die erforderlichen Nebenräume: Garderobe, Waschraum und Toiletten. Bei derartigen räumlichen Verhältnissen ist es in ganz anderer Weise möglich, die Kinder zur Selbständigkeit und zur gegenseitigen Hilfe zu erziehen, als wenn zum Beispiel der Wasch- und Toilettenraum von allen Gruppen gemeinsam benutzt werden muß und vom Gruppenraum ein Stück entfernt liegt. Dann müssen feststehende Zeiten von jeder Gruppe eingehalten werden, zu denen man mit allen Kindern gemeinsam hinübergeht, und man muß

dort wieder warten, bis alle Kinder fertig sind. Wenn die Erzieherin aber für ihre Gruppe eigene Nebenräume hat, die sie leicht übersehen kann, fallen viele unnötige Wartezeiten und Reibungsmöglichkeiten fort. Alle im Tageslauf notwendigen Übergänge können dann in aufgelockerter Form durchgeführt werden, und auch im Spiel und in den angeleiteten Beschäftigungen können sich die Kinder freier und selbständiger bewegen. Unternehmungen wie Puppenwäsche sind leichter zu ermöglichen, wenn Wasser in der Nähe ist, und damit die Kinder auch häusliche Tätigkeiten wie das Spülen von Frühstücksgeschirr selbständig durchführen können, ist es notwendig, daß das auch in den eigenen Räumen geschehen kann und das notwendige Material in der Nähe ist.

Die Anlage der einzelnen Wohneinheiten muß ferner so beschaffen sein, daß die Kinder jeder Gruppe am Gesamtleben des Kindergartens teilnehmen können; die anderen Gruppenräume und die Wirtschaftsräume müssen auch für das Kind leicht erreichbar und zugänglich sein. Das Kind, das sich in seiner Gruppe eingelebt hat und sich dort sicher fühlt, geht gern einmal in eine andere Gruppe, in die Küche, ins Zimmer der Leiterin, zum Beispiel um einen Auftrag auszurichten, und wenn es willkommen ist, bleibt es eine Weile dort, um zuzusehen, sich zu unterhalten. Das ist aber nur möglich, wenn der Kindergarten nicht zu groß ist, denn dann können alle Erwachsenen alle Kinder kennen und fühlen sich auch mit für sie verantwortlich, und umgekehrt lernt das Kind auch allmählich alle anderen Menschen dort kennen. Besonders wichtig ist es, daß die Erwachsenen die Kinder nach Möglichkeit an ihrer Arbeit teilnehmen lassen, als Zuschauer oder Helfer, und sie auch mit einbeziehen, wenn ein Handwerker, der Postbote oder andere Menschen ins Haus kommen. So können sie auch „Erfahrungen in der Welt außerhalb des abgeschlossenen, kindeigenen Raumes" sammeln (Hetzer 1966, 456).

2. Das Raumteilverfahren[7]

Auch in den Gruppenräumen setzt sich das Prinzip der Aufgliederung und Differenzierung fort. Günstige Voraussetzungen sind zum Beispiel

[7] Der Name „Raumteilverfahren" für eine bestimmte Methode der Spielführung (und überhaupt der gesamten Organisation in einer Gruppe) wurde von Margarete Schörl eingeführt, die dieses Verfahren während ihrer langjährigen Tätigkeit im Kindergarten selbst entwickelte und erprobte (Schörl 1950; Schörl 1960; Schmaus und Schörl 1964).

ein oder zwei kleine Nebenräume, die durch ein Fenster leicht zu übersehen sind, oder Gliederungen innerhalb des größeren Raumes, die sich durch den Grundriß, durch Stufen, Fensternischen usw. ergeben. Hier kann man leicht den notwendigen Raum für die verschiedenen Gesellungsformen und Spielvorhaben schaffen, wenn einige Möbel verschoben oder transportiert werden können und auch kleine Tische bereitstehen, an denen jeweils ein Kind sitzen kann. Die Kinder haben dann viel bessere Möglichkeiten, soziale Beziehungen anzuknüpfen und zu pflegen. Sie können sich zu kleineren und größeren Spielgruppen zusammenfinden, die weitgehend ungestört bleiben, und sie können sich ihrem Spiel mit größerer Intensität widmen, wenn es zum Beispiel eine Bauecke gibt, in der sie ein größeres Projekt planen und durchführen können, oder wenn sich ein Kind in der Leseecke mit Ruhe in ein Buch vertiefen kann.

Die Freiheit der Kinder in der Wahl ihrer Spielthemen und ihrer Partner und die gleitenden Übergänge im Wechsel der Betätigungen ermöglichen auch einen „in sich ausschwingenden Wechsel zwischen verschiedenen Beschäftigungsweisen" und damit ein Spiel, „das dem Eigenrhythmus eines oder einiger Kinder entspricht", während ohne diese Differenzierung „nur besonders vertieft spielende Kinder zu einem solchen Eigenrhythmus der Betätigung kommen können" (THOMAE 1957, 146 f.).

Auch die Übergänge zwischen zwei verschiedenen Organisationsformen der Gruppe können in ähnlich aufgelockerter Weise verlaufen. Ein Besucher kann dann den Eindruck von Unordnung haben, wenn zum Beispiel kurz vor dem Frühstück einige Kinder noch ihr Spiel beenden, während andere schon aufräumen, einige im Waschraum sind und andere die Tische abwaschen und Geschirr holen. Hier sind aber alle Kinder in sinnvoller und selbständiger Weise tätig, und diese Art des Übergangs erfordert von der Erzieherin zwar einen andersartigen, aber keinen anstrengenderen Einsatz, als wenn sie alle Kinder zwingen muß, untätig und ruhig zu warten, bis sie selbst die Teller, Becher, Brottaschen usw. verteilt hat.

Beispiele dafür, wie der Beginn des Frühstücks als Zwischenmahlzeit auch weitgehend in das eigene Ermessen der Kinder gestellt werden kann (unter Beachtung bestimmter Ordnungen) und wie sich dabei spontan kleine Tischgemeinschaften zusammenfinden, geben u. a. E. v. WESTERNHAGEN (1957) und L. RASKIN (1959). Diese Formen sind besonders dann erwägenswert, wenn die Kinder einen sehr unterschiedlichen Tagesanfang haben. Einige Kinder werden schon sehr früh gebracht, haben wenig gefrühstückt und bald Hunger, während andere erst später kommen und dann nach kurzer Zeit ihr gerade erst begonnenes Spiel abbrechen müssen, um sich zum Frühstück zu richten. Das trifft vor allem für die Kindertagesstätte zu.

In diesem Zusammenhang ist auch die Untersuchung von I. HOPPE (1966) von Bedeutung, die in Kapitel VI referiert wird. Hier wird deutlich, wie durch besseres Durchdenken der pädagogischen Arbeit bestimmte „neuralgische Punkte" im Tageslauf vermieden werden können, die meist durch erzwungene Untätigkeit der Kinder entstehen.

3. Die Zusammensetzung der Gruppe

In der Frage der Gruppengröße sind die Differenzen zwischen den Forderungen der Pädagogen und der Verwirklichung in der Praxis besonders groß. Der Pestalozzi-Fröbel-Verband gibt in einem Merkblatt über den Kindergarten (1967) an: „Die Gruppenstärke sollte 18 bis 20 Kinder nicht überschreiten"; der Deutsche Ausschuß für das Erziehungs- und Bildungswesen nennt in seinem Gutachten die Zahl von 15 Kindern (1957, 50).

Während sich alle Pädagogen darüber einig sind, daß die genannten Zahlen nicht wesentlich überschritten werden sollten, wird die Frage nach der günstigsten Zusammensetzung der Gruppe, vom *Alter* der Kinder her gesehen, unterschiedlich beantwortet. Beide Entscheidungen, die für eine Gruppierung nach Jahrgängen oder die für eine altersmäßig gemischte Gruppe, haben Vorzüge, die genutzt, und Nachteile, die ausgeglichen werden müssen. Der in der Praxis auch schon erfolgreich erprobte Vorschlag, in Kindertagesstätten Kleinkinder und Schulkinder in einer Gruppe zu führen, wird hier nicht einbezogen. (Vgl. SIEBENMORGEN 1965, 7 f.)

Wenn Kinder im Alter von drei bis zu sechs Jahren in einer Gruppe zusammen sind und sich während bestimmter Zeiten des Tages so frei bewegen können, wie es oben schon beschrieben wurde, ergibt sich eine Vielfalt von sozialen Beziehungen. Die Kinder, die etwa den gleichen Entwicklungsstand haben, schließen sich zu bestimmten Spielen und anderen Unternehmungen zusammen, und die jüngeren werden fortgeschickt, „weil sie es noch nicht können" (zum Beispiel bei Quartett- und anderen Regelspielen). Die Kinder spornen sich hier gegenseitig an, Ausdauer und Konzentration nehmen zu, sie messen ihre Kräfte (friedlich und im Streit), sie lernen es, fremde Leistungen anzuerkennen. Bei anderen Spielen wird dagegen ein jüngeres Kind, das irgendwelche Hilfsdienste verrichtet, geduldet, oder es ist als Partner sogar begehrt, wenn es zum Beispiel die Rolle des Kindes im Familienspiel übernehmen soll. Hier werden die kleineren Kinder mit hineingeführt in die vielfältigen Spielmöglichkeiten;

man hilft ihnen auch, umsorgt und tröstet sie, übt sich in rücksichtsvollem und geduldigem Verhalten. Natürlich geht es nicht immer friedlich zu, aber im Streit werden Kompetenzen geklärt, die jüngeren Kinder lernen, sich an bestimmte Regeln zu halten, die älteren nicht zu stören, sich aber auch zu verteidigen. – Kinder, die keine Geschwister haben (oder nur um mehrere Jahre jüngere oder ältere), können in der gemischten Gruppe sowohl den Umgang mit gleichaltrigen als auch mit jüngeren und älteren Kindern erleben. Dabei werden ihnen auch die Erwartungen deutlicher, die die Umwelt an ein Kind gerade seines Alters richtet (wenn es weder als Baby noch als großes Kind gesehen wird, wie es leicht ohne Vergleichsmöglichkeiten geschieht), und die auf ein Kind gerichteten Erwartungen können sich als Anreiz fördernd auf seine Entwicklung auswirken.
Die Vorteile der altersmäßig gemischten Gruppe können aber nur unter bestimmten Bedingungen erzielt werden. (Der bis zur Einführung einer geeigneteren Bezeichnung verwendete Ausdruck „altersmäßig gemischte Gruppe" ist zwar umständlich, aber doch besser als „Familiengruppe" oder auch „familienähnliche Gruppe"; diese Bezeichnungen mögen für eine Gruppe im Dauerkinderheim eine gewisse Berechtigung haben, wenn wenige Kinder im Alter von 1–16 Jahren für lange Zeit zusammenleben, sie entsprechen aber in keiner Weise der Situation im Kindergarten.) Um den Kindern sowohl die altersentsprechende Förderung zuteil werden zu lassen wie den Umgang zwischen verschiedenaltrigen Kindern zu pflegen und auch noch den Kindern mit bestimmten Schwierigkeiten individuell zu helfen, sind nicht nur eine gute pädagogische Arbeit, sondern auch günstige äußere Bedingungen notwendig (kleine Gruppe, geeignete Räumlichkeiten, Mitarbeit einer Helferin). Außerdem ist eine gute Zusammenarbeit der verschiedenen Mitarbeiter wichtig, damit die Kinder gleichen Alters auch aus verschiedenen Gruppen gelegentlich oder regelmäßig zusammengefaßt werden können, zu besonderen Unternehmungen und zu Arbeitsgruppen mit bestimmten, dem Alter, den Interessen und den besonderen Bedürfnissen der Kinder angemessenen Inhalten. Das betrifft vor allem die ältesten Kinder im Kindergarten, die nach neuen Aufgaben verlangen. – Wird die Arbeit weniger differenziert ausgeführt, so werden die Kinder entweder ungenügend angeregt, weil man sie sich weitgehend selbst überläßt, oder sie werden teils überfordert, teils langweilen sie sich, wenn man die ganze Gruppe zu oft zusammenfaßt. – Auch die Mithilfe der älteren Kinder bei der Betreuung der jüngeren muß sorgfältig beobachtet und gelenkt werden, damit weder die älteren überfordert werden oder ihre „Machtstellung" ausnutzen noch die jüngeren an dem Erwerb ihrer Selbständigkeit gehindert werden.
Die Führung von altersmäßig gemischten Gruppen ist damit „entweder

eine Notlösung oder ein ‚Glanzstück' methodischen Könnens, das aber auch sowohl das zähe Ringen um die Schaffung günstiger äußerer Bedingungen als auch das dauernde, höchst kritische Überprüfen des eigenen erzieherischen Wirkens zur Voraussetzung hat" (Bayr-Klimpfinger et al., 1963, 14).

Von 77 österreichischen Kindergartenleiterinnen, die nach der günstigsten Gruppeneinteilung befragt worden waren, entschieden sich 45 für einen gewissen Kompromiß: Sie schlugen die Aufgliederung in zwei Gruppen vor (3—4½ und 4½—6 Jahre). Die übrigen Leiterinnen entschieden sich für die Aufteilung in drei Altersgruppen (Bayr-Klimpfinger et al., 1963).
In der schon häufig herangezogenen Untersuchung von L. B. Murphy bestand die eine der über längere Zeit hinweg beobachteten Kindergartengruppen aus zwei klar voneinander abgegrenzten Untergruppen: Die älteren Kinder kamen täglich und blieben zum Teil bis 17 Uhr, die jüngeren kamen dreimal wöchentlich vormittags. (Insgesamt waren es 19 Kinder; 12 Kinder im Alter von 3;11—4;6 Jahren, 7 Kinder im Alter von 2;4—2;11 Jahren.) Die Altersdifferenz war groß genug, daß sich bestimmte Zuständigkeiten für Spielmaterial und Aktivitäten herausbilden konnten und daß die älteren zu einem beschützenden Verhalten gegenüber den jüngeren Kindern angeregt wurden. Zweifellos ergaben sich bedeutende Identifikationsmöglichkeiten: Wenn die älteren Kinder beschützendes und mitfühlendes Verhalten zeigten, wurde das, wenn die Gelegenheit sich ergab, von den jüngeren nachgeahmt (Murphy 1937, 125 f.). — Es handelte sich hier um eine Nursery school, daher das jüngere Alter der Kinder. Aber auch bei uns wären Lösungen ähnlicher Art für Kindergärten denkbar.

Wenn es jedoch ratsamer erscheint, die Kinder nach Altersgruppen (mit einer lockeren Begrenzung nach oben und unten) zu trennen, kann man das Zusammensein mit älteren und jüngeren Kindern durch die Beziehungen zu anderen Gruppen ermöglichen. Dieser Austausch geschieht vor allem in informeller Weise; einzelne Kinder bitten zum Beispiel darum oder werden dazu angeregt, einmal „bei den Kleinen zu helfen"; in die eigene Gruppe werden jüngere Geschwister oder Nachbarskinder eingeladen. Außerdem haben die Kinder meist beim Spiel im Freien die Gelegenheit, im Neben- oder Miteinander die Kinder anderer Gruppen kennenzulernen.
In jedem Fall – ob man sich für die altersmäßig gemischte oder die mehr homogene Gruppe entscheidet – sind aber *Jungen* und *Mädchen* in einer Gruppe zusammen, und damit können die sozialen Erfahrungen des Kindes bereichert werden. – H. L. Koch stellte bei der Untersuchung von freien Spielgruppen fest, daß Jungen, die eine Schwester, und Mädchen, die einen Bruder haben, häufiger mit Kindern des andern Geschlechts zusammen spielen, und zwar umso öfter, wenn der Bruder oder die Schwester altersmäßig von dem betreffenden Kind nicht weit entfernt ist (Koch 1957; Bossard und Boll 1966, 393). Da sich aber bei der geringen Kinderzahl in den Familien diese Gruppierung oft nicht ergibt, bietet der

Kindergarten einen notwendigen Ausgleich, da hier der Umgang zwischen Jungen und Mädchen zu einer Selbstverständlichkeit wird.
Die Frage der Zusammensetzung einer Gruppe ist aber noch von einem weiteren Gesichtspunkt her zu bedenken. Für das Leben in der Kindergartengruppe ist es ein Gewinn, wenn in ihr sehr unterschiedliche Kinder vereinigt sind. H. Hetzer und G. Noelle unterscheiden „einordnungsbereite und die Gemeinschaft tätig mitgestaltende Kinder, stille Kinder, die sich nicht selbst durchsetzen und doch das Leben der anderen bereichern, träge und gutmütige Mitläufer, die Beruhigung bringen, hilfsbedürftige, die von den anderen betreut werden und zur Rücksichtnahme erziehen“ (Hetzer und Noelle 1936, 27 f.).
Eine in sich ausgewogene Gruppe kann auch Kinder mit größeren Schäden und Schwierigkeiten aufnehmen und ihnen die geeignetste Hilfe dafür bieten, sich in eine Gemeinschaft hineinzufinden. Hier ist an Kinder mit körperlichen Schäden zu denken, für die noch kein Sonderkindergarten in Frage kommt oder zu erreichen ist (Sehbehinderte, spastisch Gelähmte usw.), aber auch an Kinder, die aus verschiedenen Gründen größere Verhaltensauffälligkeiten zeigen (durch einen frühkindlichen leichten Hirnschaden, falsche Erziehung, Nachwirkungen von Hospitalismus usw.).
Vor der Aufnahme eines solchen Kindes ist immer zu überlegen, ob die betreffende Gruppe so weit im Gleichgewicht ist, daß sie für das Kind eine günstige Umgebung bietet, oder ob eine andere Gruppe besser geeignet ist. Gegebenenfalls muß die Aufnahme in aller Interesse noch hinausgezögert werden, weil die Gruppe z. B. durch häufigen Erzieherwechsel, durch eine zu große Anzahl schwieriger Kinder und andere Gründe in zu großer Unruhe ist und zu diesem Zeitpunkt das Kind eher ungünstig in seiner Entwicklung beeinflussen könnte; außerdem darf die Belastung für die Erzieherin, zum Beispiel für eine Berufsanfängerin, nicht zu groß werden. Andernfalls können aber auch schwierige oder körperlich geschädigte Kinder nicht nur selbst gefördert werden, sondern umgekehrt für das soziale Leben in der Gruppe eine ausgesprochene Bereicherung bedeuten.

IV. Das Erfassen der gruppendynamischen Prozesse und der Stellung des einzelnen Kindes in der Gruppe

1. Das Soziogramm

Für die Arbeit eines jeden Erziehers ist es wichtig, die Struktur seiner Gruppe zu erkennen. Hierbei kann das Soziogramm, d. h. eine graphische Darstellung der sozialen Beziehungen in einer Gruppe, eine bedeutende Hilfe leisten. Das zugrundeliegende Material ist zum Beispiel in Schulklassen und Jugendgruppen verhältnismäßig leicht zu gewinnen; so können die Schüler vor der Bildung von Arbeitsgruppen oder vor einer Fahrt aufgefordert werden, die Namen einiger Kameraden aufzuschreiben, mit denen sie besonders gern zusammen arbeiten oder in einem Zelt zusammen wohnen möchten. – Im Kindergarten sind Erhebungen dieser Art nicht möglich. Auch wenn jedes Kind einzeln befragt würde, ist kaum anzunehmen, daß es sich gedanklich derartig auf ein zukünftiges Ereignis einstellen kann und sich seiner Sympathien so bewußt ist, daß es nur aus seiner Vorstellung heraus die Namen der Kinder sagen kann, mit denen es gern zusammen sein möchte. Man hat daher versucht, dem Kind die Wahl zu erleichtern, indem man Fotos von allen Kindern in einem Nebenzimmer aufhing, jedes Kind konnte sie dort eingehend betrachten und seine Wahl treffen, wenn es gefragt wurde, mit wem es gern zusammen spielen würde (McCandless und Marshall 1957). – In anderen Untersuchungen wählte man die Methode des paarweisen Vergleichs: Der Name eines jeden Kindes aus der Gruppe wird mit den Namen aller anderen Kinder jeweils paarweise zusammengestellt, und jedem Kind werden dann diese Paare von Namen genannt mit der Frage, wen von beiden es am besten leiden könne (Koch 1933; Lippitt 1941). Beide Methoden wurden erfolgreich in Kindergärten durchgeführt, aber wegen des zeitlichen Aufwandes, den sie für die Vorbereitung, die Durchführung und die Auswertung fordern, werden sie nur in wissenschaftlichen Untersuchungen verwendet werden können. Da es für die Erzieherin aber von Bedeutung ist, wenn sie selbständig die Struktur ihrer Gruppe genauer erfassen kann, wird hier versucht, mit Hilfe eines Beispiels Richtlinien zu entwickeln, wie sie das erforderliche Ausgangsmaterial gewinnen kann; ferner wird dargestellt, wie es ausgewertet wird, welche Bedeutung die Ergebnisse haben und wie sie durch Beobachtungen ergänzt werden müssen.

a) Die Gewinnung des Ausgangsmaterials

Geeigneter als eine Befragung der Kinder, mit wem sie gern zusammen wären, ist die Aufforderung zu unmittelbar danach ausgeführten Handlungen. So forderte J. L. MORENO die Kindergartenkinder auf, einen Knaben oder ein Mädchen an die Hand zu nehmen und zusammen in ein Spielzimmer zu gehen (1967, 51). – Wenn viele Kinder aber gleichzeitig wählen, hat das Kind keine uneingeschränkten Wahlmöglichkeiten – den „besten Freund" hat dann schon ein anderes Kind angefaßt usw. Außerdem läßt sich nicht in allen Fällen beobachten, von wem die Wahl ausging, zum Beispiel kann ein wenig beliebtes Kind sofort ein beliebtes anfassen, das keine Ablehnung zu erkennen gibt. (MORENO macht keine genaueren Angaben darüber, wie die Wahlen durchgeführt wurden.) Es ist daher zu überlegen, ob man nicht geeignetere Wahlmöglichkeiten schaffen kann, in denen folgende Punkte berücksichtigt werden:

1. Das Kind fordert zu einer gemeinsamen Handlung auf, die es unmittelbar danach mit den gewählten Kindern ausführt.
2. Das Kind muß aus der ganzen Gruppe frei auswählen können, man kann also nicht zwei Kinder gleichzeitig wählen lassen, weil sie sich vielleicht gern gegenseitig gewählt hätten oder weil eins der Kinder gerade einen Gefährten aufgefordert hat, den auch das andere Kind hatte wählen wollen.
3. Es muß eine Situation geschaffen werden, in der alle Kinder in verhältnismäßig kurzer Zeit wählen können, in der sie konzentriert sind und in der sie Freude daran haben, wählen zu können und gewählt zu werden.
4. Verschiedene Spiele enthalten zwar Wahlmöglichkeiten, aber man muß genau darauf achten, ob nicht die folgenden oder andere Fehlerquellen mit ihnen gegeben sind:

— Bei Kreisspielen fordern vor allem jüngere Kinder noch nicht ein Kind auf, das sie überlegt ausgewählt haben, sondern sie bleiben vor dem Kind stehen, bei dem sie gerade angekommen sind, wenn die Melodie zu Ende ist.
— Bei Gesellschaftsspielen kann ein Kind befangen sein, wenn es plötzlich allein agieren und wählen muß, und so nennt es dann oft unüberlegt den Namen des Kindes, das es gerade sieht.
— Bei Spielen dieser Art wählen die Kinder nicht der Reihe nach, sondern so, wie sie selbst gewählt wurden. Daher können sich die Wahlen eine Zeitlang in einer bestimmten Untergruppe hin- und herbewegen, ohne daß die beteiligten und besonders oft gewählten Kinder in der Gesamtgruppe wirklich die beliebtesten wären.

— Die Erzieherin achtet beim Spiel meist darauf, daß alle Kinder einmal „drankommen", und fordert daher die Kinder gelegentlich auf, sich doch einmal umzusehen, wer denn noch nicht gewählt worden sei. Gerade die älteren Kinder können diese Hinweise so übernehmen, daß sie beim Spiel auch dann, wenn sie von der Erzieherin nicht darauf aufmerksam gemacht wurden, nur aus diesem Grund ein Kind auffordern.

Man muß daher eine Wahlmöglichkeit schaffen, in der alle Kinder mit Ruhe und Überlegung wählen können. Am besten knüpft die Erzieherin an irgendeine Beschäftigung an, die sie mit den Kindern oft und gern durchführt (am besten eignen sich wohl der Gymnastik-, Rhythmik- oder Turnunterricht), und baut in sie eine geeignete Wahlsituation ein. Hier soll eine derartige Wahl näher beschrieben werden:
Vorbereitung: In einer Kindergruppe gingen folgende rhythmische Übungen voraus: Die Kinder saßen in einem großen Kreis; alle oder einige von ihnen gingen, liefen oder hüpften durch den Raum, um den Kreis und in Schlangenlinien um die Stühle herum in selbstgewählten Raumwegen. Wenn die Handtrommel- oder Xylophonbegleitung aufhörte, kehrten die Kinder auf ihren Platz zurück.
Durchführung der Wahlen: Die Kinder wurden nun aufgefordert, sich im Kreis umzusehen und sich gut zu überlegen, mit wem sie gern zusammen laufen wollten, und zwar sollten sie nacheinander zwei Kindern auf die Schulter tippen und sie dann durch den Raum führen, in großen Kurven und Schlangenlinien wie vorher. Das wurde von mir gezeigt, und einzelne Kinder wurden aufgefordert, es einmal zu probieren. Dabei wurden einige Fehler verbessert, zum Beispiel nahm ein Kind seine beiden Nachbarn mit; die Kinder wurden daraufhin aufgefordert, sich noch einmal umzusehen und sich zu überlegen, wen sie abholen wollten. Dann liefen die Wahlen nacheinander ab. Weil in der Gruppe ein bewegungsunsicheres Kind mit mißgebildeten Armen war, wurde alles im Gehen ausgeführt, die Kinder wurden aber nicht verbessert, wenn sie von sich aus liefen oder hüpften. Die Wahlen wurden von der Gruppenleiterin aufgeschrieben. (Es ist immer günstig, wenn zwei Erwachsene, zum Beispiel die Erzieherin und eine Praktikantin, beteiligt sind; ein einzelner ist so beschäftigt, daß er nicht mehr genau die Kinder beobachten und gegebenenfalls noch neue Hinweise geben kann, wenn sich beispielsweise ein Kind durch leises Zurufen oder Winken vorzudrängen sucht.)

b) Das Aufzeichnen des Soziogramms

Um die gewonnenen Daten auswerten zu können, ist es notwendig, sie übersichtlich anzuordnen, d. h. ein Soziogramm anzufertigen. Am besten werden sie zuerst in eine Tabelle eingetragen, in der in den vertikalen Spalten die Wählenden, in den horizontalen die Gewählten stehen, wie es in der Liste 1 als einem einfachen Beispiel gezeigt wird.

Liste 1

Gewählte	Wähler					
	Inge	Hans	Udo	Karl	Elke	Summe
Inge						0
Hans			X	X		2
Udo					X	1
Karl	X	X				2
Elke						0

Inge und Hans haben beide Karl gewählt, Udo und Karl Hans und Elke Udo. Jetzt können rechts die Zeilensummen abgelesen werden: Inge wurde keinmal gewählt, Hans zweimal, Udo einmal usw. – Von dieser Urliste ausgehend, können wir nun die Reihenfolge nach bestimmten Gesichtspunkten ändern, zum Beispiel können wir die Kinder nach der Häufigkeit der für sie abgegebenen Stimmen umgruppieren. In der Liste 2 sind die Daten, die in der oben geschilderten rhythmischen Übung gewonnen

Liste 2

Gewählte	Wähler															
	Ursel	Andreas	Jürgen	Thomas	Bruno	Peter	Eva	Margit	Frank	Sigrid	Bernd	Ilse	Ute	Kurt	Horst	Zeilen-summe
Ursel							X		X	X			X			4
Andreas	X					X						X				3
Jürgen	X				X	X										3
Thomas											X	X				2
Bruno		X									X					2
Peter		X		X												2
Eva				X						X						2
Margit							X		X							2
Frank					X			X								2
Sigrid													X			1
Bernd								X								1
Ilse																0
Ute																0
Kurt																0
Horst																0
Spalten-summe	2	2	0	2	2	2	2	2	2	2	2	2	2	0	0	

wurden, schon in dieser Weise angeordnet. 15 Kinder waren anwesend, von ihnen hat Ursel die meisten Stimmen erhalten. – In dieser Liste sind auch die Spaltensummen angegeben, die eigentlich nur von Interesse sind, wenn die Kinder eine beliebige Zahl anderer Kinder wählen können, während hier die Kinder aufgefordert wurden, jeweils zwei Kinder zu wählen. Einige Kinder weigerten sich aber, überhaupt zu wählen, und um das deutlich zu machen, wurden die Spaltensummen angeführt.

In der Liste fallen einige Kinder besonders auf: Jürgen, Kurt und Horst wählten nicht, Ilse, Ute, Kurt und Horst wurden nicht gewählt. Diese Kinder sollen etwas ausführlicher beschrieben werden. Jedes von ihnen ist zumindest seit einem halben Jahr im Kindergarten.

Jürgen (6;0) kommt aus äußerst schwierigen Familienverhältnissen. Er ist zeitweise vergnügt und lebhaft (und kann sich bis zur Toberei steigern), dann wieder bekommt er heftige Wutanfälle, greift Erwachsene und Kinder an, zieht sich grollend zurück, bis er sich nach einiger Zeit wieder, meist mit Vehemenz, an einem Spiel beteiligt. Er wählte auch nicht bei dem Bewegungsspiel, da er einen seiner Zornanfälle bekam: Er wäre als letzter an die Reihe gekommen, glaubte aber, er dürfe nicht noch einmal wählen, da er vorher schon einmal probieren konnte; dagegen meinte er, ein anderes Kind sei zweimal an der Reihe gewesen. Er ging daher kurz vor dem Ende des Spiels protestierend aus dem Raum. Interessant ist nun aber, daß er von den Kindern dreimal gewählt wurde, unter anderen von Ursel, dem am häufigsten gewählten Kind. Er ist also trotz seiner zeitweiligen Unleidlichkeit recht beliebt.

Ilse (6;7) wählte selbst zwei beliebte Kinder, wurde aber nicht gewählt. Sie kommt in einigen Tagen zur Schule und ist schon ganz dorthin orientiert. Sie spielt zwar in netter Weise mit den jüngeren Kindern, ist ihnen aber weit überlegen und gehört schon nicht mehr ganz in diese Gruppe.

Ute (5;9) ist bei den Kindern unbeliebt, sie streitet viel, drängt sich in den Vordergrund oder ist ganz passiv. Utes Wahlen sind von Interesse: Sie entschied sich für Ursel, das beliebteste Kind in dieser Gruppe, aber auch für Sigrid, die von niemandem sonst gewählt wurde. Sigrid ist ein auffallend dickes Kind, das unliebenswürdig und rechthaberisch wirkt. – Hier haben wir also zweierlei Tendenzen eines Außenseiters vereinigt: Er bemüht sich um den Anschluß an beliebte Kinder, oder er resigniert und schließt sich mit anderen am Rande der Gruppe stehenden Kindern zusammen.

Kurt (4;4) wählte kein Kind und wurde von niemandem gewählt. Er erfährt im Elternhaus sehr wenig Förderung; im Kindergarten ist er kontaktlos und ohne jede Initiative. Nur wenn er mit einem bestimmten Kind zusammen ist (es war während der Wahl nicht anwesend), das von allen Kindern der Gruppe am meisten tobt, beteiligt er sich an diesem enthemmten Treiben.

Horst (6;1) wählte ebenfalls kein Kind und wurde nicht gewählt. Er hat mißgebildete Arme und lebte mehrere Jahre in einem Heim. Im Kindergarten spricht er kein Wort und beteiligt sich an keinem Spiel, er läuft herum und sieht lächelnd bei den anderen Kindern zu. Diese behandeln ihn rücksichtsvoll, die Erzieherin mußte sogar ihr besonderes Interesse für ihn und ihre Verwöhnung dämpfen. Horst ist also in gewisser Weise ein Außenseiter, aber ein freundlich geduldeter, um den man sich immer wieder bemüht.

Bei den anderen, hier nicht erörterten Wahlen ist noch von Interesse, daß Andreas, der dreimal, und Frank, der zweimal gewählt wurde (beide 4;11), sehr stottern, sie werden also keineswegs wegen dieser Behinderung abgelehnt. – Überraschend ist es, daß Bernd (6;8), der ein begehrter Spielführer ist, nur einmal gewählt wurde. Das Ergebnis könnte dadurch

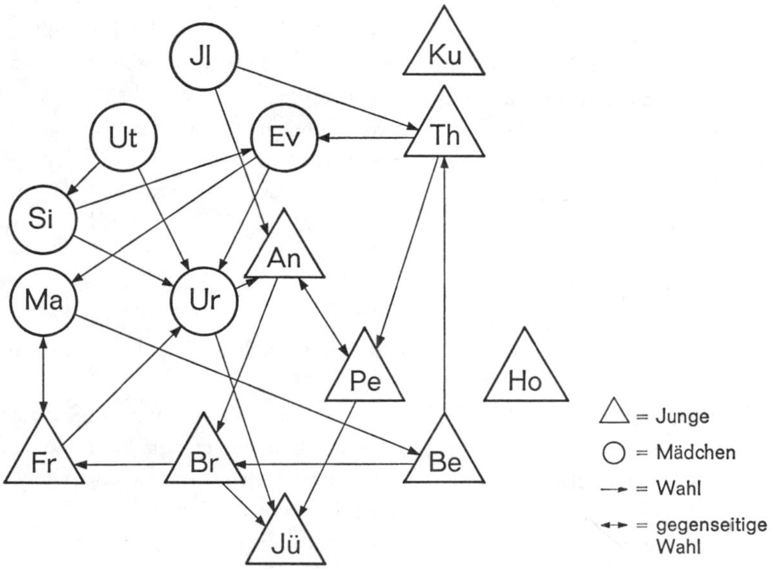

An	=	Andreas	Ho	=	Horst	Pe	=	Peter
Be	=	Bernd	Il	=	Ilse	Si	=	Sigrid
Br	=	Bruno	Jü	=	Jürgen	Th	=	Thomas
Ev	=	Eva	Ku	=	Kurt	Ur	=	Ursel
Fr	=	Frank	Ma	=	Margit	Ut	=	Ute

beeinflußt worden sein, daß Bernd, der in meiner Nähe saß, sich sehr für die Instrumente interessierte, zwischendurch bat, doch einmal trommeln zu dürfen, und damit für die Kinder vielleicht nicht völlig „anwesend“ war. Es könnte aber auch ein ähnlicher Grund wie bei Ilse (s. o.) vorliegen: Bernd kommt in einigen Tagen in die Schule und ist der Gruppe schon in gewisser Weise entwachsen.
Die Resultate derartiger Wahlen können auch in anderer Weise graphisch dargestellt werden (s. Abbildung), so daß einige weitere Ergebnisse der Wahlen noch sichtbarer hervortreten: Cliquenbildungen, gegenseitige Wahlen, Kettenwahlen. Das wird besonders deutlich, wenn man ein solches Soziogramm nicht nur betrachtet, sondern es selbst nach den Angaben in der Tabelle aufstellt: Jede Person wird durch ein Zeichen dargestellt, zum Beispiel Jungen durch ein Dreieck, Mädchen durch einen Kreis, es werden die Namen oder Nummern hineingeschrieben und die Wahlen durch Pfeile gekennzeichnet. Es ist vielleicht am zweckmäßigsten, die Dreiecke und Kreise zunächst einmal auszuschneiden und auf einem Blatt so lange gegeneinander zu verschieben, bis eine geeignete Verteilung gefunden ist. Am besten beginnt man mit dem „Star“ der Gruppe, in unserem Beispiel ist es Ursel, und ordnet die Kinder, die ihn wählen, ringsherum an. Dann sind vor allem die gegenseitigen Wahlen zu beachten, da die Zeichen dieser Kinder in eine räumliche Nähe zu bringen sind: Hier sind es Margit und Frank, Peter und Andreas. In unserem Beispiel gibt es keine größeren Untergruppen, in denen drei oder vier Kinder sich untereinander wählen. – Die „Randfiguren“ werden gut sichtbar: Horst und Kurt, aber auch Ute und Ilse, die nicht gewählt wurden.

c) Die Bedeutung des Soziogramms für die praktische Arbeit

Auch wenn die Erzieherin die Kinder vor der Aufstellung eines Soziogramms oft auf ihre sozialen Kontakte hin beobachtet hat, kann sie doch durch einen Teil der Ergebnisse überrascht werden: Ein zurückhaltendes Kind, das ihr gar nicht so sehr aufgefallen ist, erweist sich als sehr beliebt; ein anderes, das das Leben im Kindergarten durch seine Unausgeglichenheit belastet, wird keineswegs abgelehnt usw. Natürlich darf das Soziogramm nicht überschätzt und absolut genommen werden, zum Beispiel sind manche Wahlen situationsbedingt: ein Kind wählt nicht seinen bevorzugten Spielkameraden, sondern ein drittes, mit dem es sich gerade an diesem Tag in ein Spiel vertieft hatte; ein anderes Kind hat längere Zeit gefehlt und ist noch nicht in derselben Weise integriert, wie es das vorher war und in einigen Tagen wieder sein wird. Aber es zeichnen sich doch Tendenzen ab, die für die Erzieherin wichtig sind, besonders die Randständigkeit einiger Kinder kann deutlicher sichtbar werden als im täglichen Leben.

Das Soziogramm kann natürlich nur Hinweise geben und nichts erklären, aber es regt die Erzieherin zur genauen Beobachtung, zur Überlegung und zur gezielteren pädagogischen Hilfeleistung an. Von besonderem Wert ist das Soziogramm aber erst, wenn es öfter wiederholt wird. Nach einigen Wochen kann die Erzieherin die möglichst gleiche Wahlsituation wiederholen, sie also in unserem Beispiel wieder in ihren Gymnastik- oder Rhythmikunterricht einfügen. Eine Reihe von Wahlen wird sich wiederholen (zum Beispiel schreiben B. R. McCandless und H. R. Marshall, die Befragungen der Kinder mit Hilfe von Fotos mehrere Male über Zeitintervalle von jeweils zehn Tagen hinweg durchführten, daß die Ergebnisse eine weitgehende Konstanz hatten). Die Erzieherin wird dabei feststellen müssen, daß trotz ihrer Bemühungen ein Kind weiterhin in seiner Außenseiterstellung geblieben ist. Es zeigen sich aber auch Änderungen, die sie freuen oder beunruhigen können: ein Kind hat Anschluß an die Gruppe gefunden, aber ein anderes gerät in eine Randstellung. Das kann vielerlei Gründe haben, zum Beispiel kann ein Kind nach einer Verletzung noch behindert sein und sich nicht mehr wie früher an den wilden Spielen seiner Untergruppe beteiligen. Gerade in einem solchen Fall kann die Erzieherin helfen, indem sie es zu anderen Tätigkeiten anregt und versucht, ihm Kontakte zu anderen Kindern zu vermitteln, die die neuen Interessen mit ihm teilen.

In dieser Weise kann das Soziogramm wertvolle Hinweise auf gruppendynamische Prozesse geben. Es ist aber wenig sinnvoll, die Kinder nach den Wahlen zu befragen, warum sie dieses oder jenes Kind gewählt haben. Die Kinder können die Gründe für ihre Sympathien und Antipathien noch nicht verbalisieren, selbst wenn sie sich über einige von ihnen bewußt sind. Daher kann aus den nichtssagenden Antworten der Kinder (wie „weil er mit mir spielt“ oder „weil ich ihn kenne“) nicht auf eine Bedeutungslosigkeit der Wahlen geschlossen werden.

2. Ergänzende Beobachtungen

Es wurde schon wiederholt darauf hingewiesen, daß das Soziogramm allein nicht ausreicht, sondern durch fortlaufende Beobachtungen ergänzt werden muß. Nur so können die *qualitativen* Unterschiede beispielsweise in der Randstellung zweier Kinder erfaßt werden. In unserem Soziogramm haben einerseits Ilse und Ute, andererseits Horst und Kurt der graphischen Darstellung nach die gleiche Position, doch ist die Situation bei jedem von ihnen höchst unterschiedlich. Ebenso tragen die Verhaltensbeobachtungen mit dazu bei, die *Gründe* für die Stellung eines Kindes in der Gruppe zu finden.

Es ist anzuraten, daß die Erzieherin sich häufig Notizen (mit Angaben des Datums) macht, und zwar von jedem Kind und nicht nur von den in positiver oder negativer Hinsicht auffallenden Kindern. So können einmal Wahlen festgehalten werden: Zum Beispiel kann es zum Ablauf eines Kindergeburtstages gehören, daß das Kind zwei Kameraden bestimmt, die es an seinen festlich geschmückten Platz führen. – Die Erzieherin bittet ein Kind darum, etwas aus der Küche zu holen, und fordert es auf, ein anderes mitzunehmen, das ihm helfen kann, usw. Es sollte auch oft notiert werden, welche Spielgruppen sich im Freispiel zusammenfinden. – Hauptsächlich werden aber Verhaltensbeobachtungen geschildert: Der Vorschlag für ein Spiel wird begeistert aufgenommen, wenn das eine Kind ihn macht, bei einem anderen dagegen abgelehnt; zu einem Kind gesellen sich immer Spielgefährten, ein anderes muß sich darum bemühen, Anschluß zu gewinnen.

Alle einzelnen Beobachtungen müssen jedoch in ihrem Kontext gesehen und interpretiert werden, auch wenn das Verhalten eines Kindes noch so eindeutig zu sein scheint. So kann zum Beispiel ein Kind, das oft allein spielt, ein gutes Verhältnis zu den anderen Kindern haben und sich in der Gruppe ausgesprochen wohl fühlen, aber das Sachinteresse überwiegt den Wunsch nach sozialen Kontakten wie in dem folgenden Fall:

Ein Junge bat oft dringend darum, doch weiter im Zimmer bleiben und bauen zu dürfen, wenn die anderen Kinder im Freien spielten. Diesen Jungen sah man außerhalb der Kindergartenzeit immer auf der Straße, anscheinend durfte er nur selten in der Wohnung spielen. Im Kindergarten war er sehr aktiv, vor allem hatte er ein großes Interesse am Bauen, und er war glücklich bei dieser Tätigkeit, zu der er zu Hause wahrscheinlich keine Gelegenheit hatte, auch wenn er allein im Spielzimmer zurückgeblieben war. Damit wurde er aber keineswegs zum Außenseiter, sondern war ein beliebter Spielkamerad.

Die Erzieherin muß also die jeweilige Lebenslage des Kindes zu erfassen versuchen. Manche Verhaltensweisen lassen sich aus dem Leben in der Familie und der Erziehung erklären, beispielsweise kann ein aggressives Kind von den Eltern in diesem Verhalten bestärkt worden sein, wenn sie es auffordern, sich von anderen Kindern nichts gefallen zu lassen. – Diese Beispiele: ungenügende Spielmöglichkeiten zu Hause und die Freude der

Eltern daran, daß ihr Sohn ein „Draufgänger“ ist, sind natürlich sehr einfach. Oft handelt es sich um viel kompliziertere und verborgenere Vorgänge, die nur schwer und meist nur bruchstückhaft zu erfassen sind. Ebenso hat das *aktuelle* Geschehen in der Familie oder der Kindergartengruppe einen Einfluß auf das Verhalten des Kindes, wie die beiden folgenden Beispiele zeigen:

„Ein Kind fährt auf dem Spielplatz des Kindergartens mit dem Dreirad zu seiner Erzieherin und hält vor ihr. Traurig sagt es: ‚Meine Mutti und mein Vati sind nach Palm Springs gefahren.‘ — ‚Wie nett, Robbie‘, sagt die Erzieherin, ‚sie haben sicher schöne Ferien.‘ Daraufhin rümpft Robbie die Nase, fährt weg und peng! gegen ein kleines Mädchen, das einen roten Wagen zieht. — Was konnte klarer sein, als daß es für Robbie nicht nett war, daß seine Eltern weggefahren waren? Was konnte verständlicher sein, als daß er eine Erzieherin brauchte, die ihn vielleicht für einige Minuten auf den Schoß nahm oder wenigstens ihren Arm um ihn legte, um ihm etwas von der mütterlichen Zuwendung zu geben, die er offensichtlich brauchte, da seine Mutter fort war?“ (Baruch 1955, 154).

Wenn man die Situation bedenkt, in der sich Robbie befand, ist es einleuchtend, daß er auf diesen Vorfall hin keineswegs als Störenfried eingestuft werden darf, ebensowenig wie Janet in einem oben wiedergegebenen Protokoll von L. B. Murphy, das diese ein „trauriges Drama verletzter Egos“ nennt:

Janet, ein sonst besonders freundliches und hilfsbereites Kind, warf ihre Freundin Heidi hin und lachte, als Heidi weinte — weil Janet glaubte, Heidi hätte sie vorher absichtlich verletzt und dazu noch ausgelacht.

Mit diesen Beispielen soll darauf hingewiesen werden, wie wenig noch einzelne Beobachtungen (wie: Carsten sitzt allein im Zimmer und baut, während alle anderen draußen spielen, oder: Janet wirft Heidi auf die Erde und lacht darüber) aussagen, wenn nicht versucht wird, sie in einem größeren Zusammenhang zu sehen. – Eine intensive und gut durchdachte Arbeit der Erzieherin ist erforderlich, wenn sie mit Hilfe von Soziogrammen und Beobachtungen die Stellung eines jeden Kindes in der Gruppe erfassen will, aber diese Kenntnisse gehören zu den notwendigen Voraussetzungen für die soziale Erziehung des Kindes in der Kindergartengruppe, wie sie im folgenden Kapitel geschildert wird.

V. Die Führung der Gruppe und die soziale Erziehung des Kindes in der Gruppe und durch die Gruppe

Die Kindergartengruppe bietet günstige Voraussetzungen für die soziale Erziehung: Das Kind trifft hier mit einer ganzen Anzahl verschiedener Kinder zusammen, es begegnet Knaben und Mädchen, älteren und jüngeren Kindern, Kindern aus einer anderen sozio-ökonomischen Umgebung und mit anderen Erfahrungen; es muß sich mit Gefährten auseinandersetzen, die geschickter und selbständiger sind als es selbst und mit Kindern, die ihm unterlegen sind, die es um Hilfe bitten; dazu kommen die verschiedenen Kontakte zu den Erwachsenen im Kindergarten. Die soziale Erziehung ist aber nicht damit gewährleistet, daß das Kind in eine Kindergruppe eingegliedert und dort seinen zufälligen Erfahrungen überlassen wird, die zum Beispiel für ein Kind, das schon gelernt hat, sich gegen Geschwister und Spielkameraden durchzusetzen, völlig anders aussehen können als für ein Kind, das sich ängstlich von der Gruppe zurückzieht. Die Gruppe bietet nicht nur den Raum zur Entfaltung von freundschaftlichen Beziehungen und gegenseitiger Hilfe, sondern ebenso können sich Egoismus und Herrschsucht entwickeln und fixieren. Gerade das kleine Kind, das seine ersten Erfahrungen in einer Gruppe von Altersgefährten macht, bedarf der Hilfe des Erwachsenen, der Ordnungen setzt, Spielregeln des Zusammenlebens vermittelt und dazu verhilft, daß jedes Kind eine Fülle von sozialen Erfahrungen machen kann, sich also nicht nur als „Diktator“ oder als Mitläufer erlebt, sondern im ersten Fall auch lernt, Rücksicht zu nehmen oder sich einzufügen, im zweiten Fall erfährt, daß es auch im Mittelpunkt stehen kann. – Der Erzieher, der aufmerksam die Gruppenprozesse verfolgt und jedes Kind beobachtet, ermöglicht den Kindern ein hohes Maß von Spontaneität und Selbständigkeit, aber er bleibt auch dann bereit, gegebenenfalls zu helfen und behutsam zu vermitteln. Einige Aspekte dieser verantwortungsvollen Arbeit der Erzieher soll in den folgenden Kapiteln dargestellt werden.

1. Intensivierung und Lenkung der sozialen Beziehungen

a) Beziehungen der Kinder zur Gruppe

Im Kapitel „Das Kleinkind in der Gruppe" wurde ausgeführt, daß auch schon Kindergartenkinder ein Gefühl der Zugehörigkeit zu ihrer Gruppe entwickeln. Die Erzieherin sollte das Verhältnis der Kinder zu ihrer Gruppe und untereinander aber nicht einer zufälligen Entwicklung überlassen, sondern diese Vorgänge bewußter sehen und lenken. So schildert eine Erzieherin aus ihrer Arbeit mit Dreijährigen, wie sie anfänglich, als die Kinder noch wenig Kontakt zueinander hatten, das Interesse füreinander weckte: Die Kinder überlegten gemeinsam, wer an diesem Tag fehlte. Wußte die Erzieherin den Grund der Abwesenheit, informierte sie die Kinder darüber; sie erinnerte sie an kranke Spielkameraden usw. Die Kinder erzählten denen, die gefehlt hatten, was sich alles in ihrer Abwesenheit ereignet hatte (darin mußten sich die Kinder natürlich erst üben), und diese Erzählungen nahmen mit der Zeit einen festen Platz im Tageslauf ein. Die Erzieherin berichtete der Gruppe auch ein wenig darüber, wenn sie bei der Familie eines Kindes einen Hausbesuch gemacht hatte (Kanter 1967).

Das Interesse der Kinder wird aber nicht nur auf die einzelnen Kinder gelenkt, sondern auch auf die Gruppe in ihrer Gesamtheit: Bei der Vorbereitung des Raumes für eine bestimmte Tätigkeit wird mit einigen Kindern zusammen überlegt, wie alle am besten Platz haben; die Kinder, die ihr Spiel früher beendet haben, decken für die anderen mit die Tische; beim Werken werden die Kinder aufgefordert, mit dem Material sparsam umzugehen, damit es für alle reicht; bestimmte Vorbereitungen für das Sommerfest, zu dem die Eltern eingeladen werden, werden gemeinsam von Erziehern und Kindern getroffen usf. Wenn das Kind für die Gruppe mit planen kann, für sie tätig ist, wenn es nach seiner Meinung gefragt wird bei Angelegenheiten, die die ganze Gruppe betreffen, wenn es Rücksicht auf die anderen nimmt, ist es in ganz anderer Weise am Gruppenleben beteiligt, als wenn die Erzieherin alles selbst bestimmt und einteilt.

Auch die Beziehungen zwischen einigen wenigen Kindern, die in den folgenden Abschnitten in ihrer Bedeutung für die soziale Erziehung dargestellt werden, sind immer vor dem Hintergrund der gesamten Gruppe zu sehen. Die Spielgruppen können nicht beziehungslos nebeneinanderstehen. Häufig wird es notwendig, daß sie aufeinander Rücksicht nehmen oder sich gegenseitig helfen, oder zwischen zwei kleinen Gruppen entwickelt sich ein gemeinsames Spiel (zum Beispiel zwischen Kindern, die „Familie", und anderen, die „Kaufmann" spielen). – Es ist aber nicht nur eine durch die räumliche Nähe gegebene Verbindung zwischen den kleinen Gruppen da, wie sie auch bei Spielgruppen gegeben sein kann, die zufällig auf einem öffentlichen Spielplatz nebeneinander spielen und Beziehungen zueinander aufnehmen, sondern das Verhalten von einzelnen und Untergruppen wird durch die schon bestehenden Verbindungen, Gruppennormen und Erwartungen mitbestimmt und hat wiederum Auswirkungen auf das Gruppengefüge mit seiner Rangordnung, den Sympathien, Rivalitäten und Freundschaften. Denn „eine Gruppe läßt sich als ‚dynamische Ganzheit' charakterisieren; das bedeutet, daß eine Veränderung im Zustand eines Teils den Zustand jedes anderen Teils verändert" (LEWIN 1953, 128). Die Begegnungen zwischen einigen wenigen Kindern, die im folgenden geschildert werden, sind daher auch immer in ihrer Bedeutung für die Stellung der betreffenden Kinder in der Gruppe zu betrachten.

b) Gesellungsformen innerhalb der Gruppe

Spontane Gruppierungen

Da es den sozialen Bedürfnissen und Fähigkeiten des Kindergartenkindes entspricht, in kleinen Gruppen zu spielen, findet es sich meist mit einigen wenigen Kindern zusammen. Hier spielen sich vor allem die vielfältigen sozialen Beziehungen ab, wie sie schon beschrieben wurden: das Kind wählt aus, mit wem es zusammen sein möchte, es wirbt darum, in eine kleine Gruppe aufgenommen zu werden und bei einer Unternehmung mitmachen zu dürfen, es muß mit einer Ablehnung fertig werden; die Kinder spielen in freundlichem Nebeneinander oder finden sich schon zu echter Kooperation zusammen, sie streiten sich, wehren sich gegen einen Störenfried, schließen einen Spielverderber aus usw. Das Kind erfährt, wie sich aus einer lockeren Spielgemeinschaft eine länger bestehende Freundschaft entwickeln kann, aber es erlebt auch, daß sein Freund auf einmal lieber mit anderen Kindern spielt.

Die Bedeutung der spontanen Gruppierungen für die soziale Erziehung ist hoch einzuschätzen, und es ist eine wichtige Aufgabe für die Erzieherin, diesen selbstgewählten Verbindungen zwischen den Kindern breiten Raum zu geben, indem sie den Kindern immer wieder und nicht nur im Freispiel die Freiheit zur Wahl läßt, also nicht allein die Einteilung in kleine Arbeitsgruppen bestimmt oder die Plätze verteilt, sondern es häufig auch den Kindern überläßt, sich hier frei zu entscheiden. (Damit soll nicht eine überlegte gelenkte Gruppierung ausgeschaltet werden, sondern ein unbegründetes, gedankenloses Dirigieren der Kinder.) Ebenso ist es eine

Aufgabe der Erzieherin, dafür zu sorgen, daß die sich zusammenfindenden kleinen Gruppen eine Zeitlang auch zusammenbleiben können, damit gerade erst geknüpfte Beziehungen nicht willkürlich wieder gelöst und die Kinder nicht sofort bei ihren Unternehmungen gestört werden.

Gelenkte Gruppierungen

Als notwendige Ergänzung und Korrektiv ist eine gelenkte Gruppierung von Bedeutung. I. LAUNER schreibt dazu: „Bei der Erziehung der Kinder gibt es keine Nebensächlichkeiten, und so ist es auch zum Beispiel wichtig zu überlegen, wer mit wem welchen Auftrag ausführen soll", und sie zitiert N. K. KRUPSKAJA: „Die Arbeit in den Kindergärten ist mannigfaltig und gibt die Möglichkeit der verschiedenen Kombinationen, ... dabei muß genau überlegt werden, aus welchen Kindern und wofür diese Kindergruppen organisiert werden. Diese Frage wird, wie es scheint, wenig durchdacht" (LAUNER 1967, 10).

Ein Kind, das wegen seiner Ungeschicklichkeit öfter ausgelacht wird, kann aufgefordert werden, einem Neuling in der Gruppe etwas zu zeigen (wenn man sicher ist, daß das Kind dazu fähig ist); ein kleiner Raufbold wird gebeten, einem behinderten Kind zu helfen, da er ja so stark ist! Ein schüchternes Kind bekommt zusammen mit einem kontaktfreudigen, gut integrierten Kind ein „Amt", ist also täglich für einige Zeit mit ihm zusammen und kann so leichter erste Kontakte anknüpfen, als wenn es gleich der ganzen Gruppe gegenübersteht – die Beispiele lassen sich beliebig vermehren. Durch gut überlegte gelenkte Gruppierungen kann erreicht werden, daß ein Kind, das sonst benachteiligt ist, zeitweilig zum Beschützer und Helfer werden kann, daß ein „Diktator" einen gleichwertigen Gegner findet usw.

K. GOTTSCHALDT und CH. FRÜHAUF-ZIEGLER (1958) konnten in der referierten Untersuchung, als sie die Versuche von Paaren fünf- und dreijähriger Kinder ausführen ließen, folgendes beobachten: „Schon auf dem Wege zum Versuchsraum übernehmen die Fünfjährigen ganz selbstverständlich die Führung und bemuttern die Kleineren" (S. 274). „Drei fünfjährige Jungen, die sonst in ihrer Gruppe nur geduldet waren und keine besondere Rolle spielten, (traten) in den Versuchen mit den dreijährigen Mädchen aber betont überlegen und selbstsicher auf ..." (S. 273). — In der dritten Versuchsanordnung hatten die jüngeren Kinder den langen Stock, der gebraucht wurde, um das begehrte Spielzeug heranzuholen. Hier mußten die Älteren die Jüngeren schließlich um den Stock bitten — die Über- und Unterordnungsverhältnisse verschoben sich also.

Natürlich reichen Zusammenstellungen von Kindern mit großem Altersunterschied für die pädagogische Intention noch nicht aus, da hier die „Erfolge" der Großen zu einfach sind, ihnen in der Auseinandersetzung mit den Altersgefährten nicht viel helfen oder ihnen sogar ein Ausweichen in die Beziehungen mit jüngeren Kindern nahelegen. Aber die Beispiele können zeigen, wie rasch sich in einer anderen Konstellation die sozialen Beziehungen ändern können.

Es ist selbstverständlich, daß diese Lenkung durch die Erzieherin mit Takt und Behutsamkeit erfolgen muß. Die eigenen Pläne des Kindes, das ja „selbst jemand sein will" (LANGEVELD), sind soweit wie möglich zu respektieren; in anderen Fällen muß mit viel Ruhe abgewartet werden, damit man ein Kind, das noch nicht bereit ist zu sozialen Kontakten, nicht zu früh antreibt. Zwang und nachdrückliche Aufforderungen bewirken nur das Gegenteil, aber bei aufmerksamem Beobachten und mit Phantasie lassen sich immer wieder geeignete Möglichkeiten finden, wie man einem Kind helfen kann, seine sozialen Beziehungen zu verbessern.

Oft verbinden sich auch spontane und gelenkte Gruppierungen. Obwohl sich die Erzieherin beim freien Spiel der Kinder weitgehend zurückhält und es auch bei Konflikten häufig den Kindern überläßt, selbst damit fertig zu werden, so sind doch gelegentlich Hinweise und Vorschläge notwendig, um zum Beispiel ein abseits stehendes Kind mit einzubeziehen. Oft genügt ein kleiner Einfall, um die Situation zu ändern:

Ein Kind wird von einer Spielgruppe, die „Familie" spielt, abgewehrt mit einem „Du mußt draußen bleiben!" Hier kann die Erzieherin das Spiel erweitern, indem sie die Kinder auffordert: „Zeigt ihr doch, wo sie die Türklingel finden kann, bevor sie hereinkommt", oder sie sagt: „Aber das ist doch der Briefträger, der euch die Post bringen will" (GESELL und ILG 1952, 215).

Ein anderes Beispiel:
Ein kleines Mädchen zog ihre Puppen an, um sie spazierenzufahren, während andere Kinder mit Autos spielten oder selbst welche darstellten, zwei Kinder waren Polizisten. Die Erzieherin machte die Polizisten auf das Mädchen aufmerksam, sie stoppten daraufhin den Verkehr und halfen ihr freundlich mit ihren „Kindern" über die Straße (CHRISTENSEN 1967).

In Fällen dieser Art handelt es sich meist um Kinder, die schüchtern sind und noch wenig Kontakt zu den Spielgefährten haben, von den anderen auch nicht ohne weiteres zu ihren Spielen zugelassen, aber auch nicht abgelehnt werden. Schwieriger ist es, ein Kind einzubeziehen, das unbeliebt ist, aber auch das gelingt manchmal, wie in folgendem Beispiel, wo es sich um ein abgelehntes Kind, Walerik, handelt.

„Als man sich bei einem Spiel hartnäckig weigerte, ihn aufzunehmen, machte die Erzieherin den ‚Matrosen' einen Vorschlag: Die Teddybären, die ohne Aufsicht blieben, sollten der Obhut Waleriks anvertraut werden. So war der erste Schritt für seine Aufnahme ins Kollektiv getan; jetzt bezog man ihn auch in das Spiel ein" (SALOGINA, zitiert bei CHRISTENSEN 1967).

Natürlich ist es auch möglich und notwendig, an das Verständnis der Kinder zu appellieren („In Abwesenheit des Jungen erklärte ich den übrigen, daß es für Walerik sehr unangenehm sei, wenn niemand ihn aufnehmen wolle: ‚Seht doch mal, Walerik hat sogar geweint, so traurig war er'";

Christensen 1967, 8), aber der Einfall, wie er in einer Rolle am Spiel teilnehmen konnte, die von den anderen als notwendig akzeptiert wurde, in der er aber nicht stören konnte, hatte wahrscheinlich noch mehr Erfolg. Nicht nur schüchternen oder unbeliebten Kindern kann die Erzieherin mit Vorschlägen dieser Art helfen, sondern sie kann auch versuchen, sehr stark aufeinander bezogene Kinder, zu denen Zwillinge, auch verschiedenaltrige Geschwister, Nachbarskinder und Freunde gehören können, stärker in das Leben der Gruppe einzubeziehen. Sie kann zum Beispiel Zwillinge oder enge Freunde, die zu den älteren Kindergartenkindern gehören, darum bitten, daß jeder von ihnen bei einem Ausflug für ein jüngeres Kind mit sorgt, und es mit ihnen vorher ausführlicher überlegen, so daß sich beide wirklich in gewissem Ausmaß auf ihre Schützlinge einstellen müssen; oder sie kann die betreffenden Kinder in eine gemeinsame Arbeit mit anderen Kindern einbeziehen, bei der alle gemeinsam oder auch in wechselnden Zweiergruppen tätig sind. In dieser Weise lassen sich noch viele Situationen finden, die die Kinder in Kontakte mit anderen bringen, ohne daß sie das Gefühl haben müssen, völlig voneinander getrennt zu werden, was sie in eine Abwehrhaltung oder in Angst versetzen könnte.

Durch Zufall entstehende Gruppierungen

Neben den spontanen und den gelenkten Gesellungen der Kinder scheinen die zufällig entstehenden nicht viel Bedeutung zu haben, sie können jedoch die sozialen Erfahrungen des Kindes erweitern. In der Kindergartengruppe sind zwar recht unterschiedliche Kinder, aber es haben nicht alle mit allen Kontakt, sondern bestimmte Verbindungen werden bevorzugt: Oft finden sich Kinder zusammen, die gewisse Ähnlichkeiten haben – temperamentvolle, rauflustige Kinder schließen sich öfter aneinander als an verträumte, ruhige Kinder an; jüngere Kinder werden eher von älteren Mädchen als von Jungen mit in ihr Spiel einbezogen; Mädchen, die keine Brüder oder Jungen in der Nachbarschaft haben und das Spiel mit Jungen nicht gewohnt sind, sind meist nur mit Mädchen zusammen und umgekehrt ... Im Kindergarten ergeben sich nun viele Situationen, in denen Kinder in einer vom Zufall bestimmten Auswahl zusammenkommen, und das sollte die Erzieherin auch nutzen und ihnen die Möglichkeit geben, in ein Spiel, ein Gespräch, eine gemeinsame Arbeit zu kommen, indem sie sie zum Beispiel im Nebenraum spielen läßt, ihnen einen Vorschlag für eine gemeinsame Tätigkeit macht usw. So sind einige Kinder eher mit dem Essen fertig als andere; die Kinder, deren Namen am Anfang der alphabetischen Liste stehen, können schon spielen, während die anderen noch auf die ärztliche Untersuchung warten; einige Kinder werden an einem Tag später abgeholt usw. Hier können sich unvorhergesehene und für das Kind neuartige Beziehungen entwickeln, auch wenn sie nur für kurze Zeit bestehen. Zum Beispiel entdeckt ein lebhaftes Kind, das mit einem zurückhaltenden Gefährten zusammen ein Bilderbuch ansieht, daß das bisher wenig beachtete Kind sehr gut Geschichten erzählen kann; einem älteren Jungen gefällt es nun, einem jüngeren zu helfen, der bewundernd zu ihm aufsieht.

Ebenso wie bei der gelenkten Gruppierung ist es auch bei diesen kleinen Gruppen oft besonders wirksam, wenn die Erzieherin für eine kurze oder längere Zeit an der Tätigkeit der Kinder teilnimmt und in dem kleinen Kreis, der ohne ihre Gegenwart rasch auseinanderfallen könnte, einen integrierenden Faktor darstellt. Die Kinder bleiben nun zusammen aus Freude an der Gemeinsamkeit mit der Erzieherin und an der von ihr angeregten oder weitergeführten Tätigkeit. Dabei ergeben sich nicht nur Interaktionen zwischen der Erzieherin und jedem Kind, sondern auch zwischen den Kindern, und so können die sozialen Erfahrungen bereichert und neue Kontakte angeknüpft werden.

2. Stärkung des Sicherheitsgefühls und der Frustrationstoleranz

Das Gefühl der Sicherheit ist eine der wichtigsten Voraussetzungen für die soziale Erziehung. „Unsicherheit trägt bei zu einem egozentrischen, defensiven Verhalten oder zu einer nur scheinbaren Besorgtheit um die anderen, die nicht wünschenswerter ist als die Verteidigung. ‚Training' in sozialem Verhalten ist wahrscheinlich in keiner Altersstufe von wirklichem Erfolg, wenn es aufgebaut ist auf dem Fundament einer unsicheren Persönlichkeit" (Murphy 1937, 188).

Wie kann die Erzieherin in problematischen Fällen den Kindern zu einem größeren Selbstvertrauen in der Gruppe verhelfen? Wesentlich sind die emotionalen Beziehungen zwischen der Erzieherin und dem Kind und zwischen allen anderen Mitgliedern der Gruppe, aber sie lassen sich häufig nicht gleich in der Art aufbauen, wie die Erzieherin es sich wünscht. Sie muß oft eine längere Zeit abwarten können, aber auch die richtigen Einfälle haben, wie sie gerade diesem Kind helfen kann. So kann sich ein Kind in der Kindergartengruppe heimisch und sicher fühlen, wenn es sieht, daß seine Mutter (oder ein anderer Angehöriger) und seine Erzieherin einen guten Kontakt zueinander haben. Ein anderes Kind gewöhnt sich an das Leben in der Gruppe, wenn es sich mehrere Tage lang weitgehend zurückziehen und zusehen kann; durch das Raumteilverfahren kann es ermöglicht werden, daß sich ein Kind auch einmal in einen „Winkel verkriechen“ kann.

So wird ein Kind geschildert, das sich nicht aus der Leseecke hervorwagte, einem Platz, den es mit seiner Mutter zusammen ausgesucht hatte. Die Erzieherin verabredete nach mehreren Tagen mit der Mutter, daß sie Johnny morgens bringen solle, bevor die anderen Kinder kämen, da sie glaubte, er müsse erst mit der neuen Umgebung und den Aktivitäten im Kindergarten vertraut werden, ehe er Kontakte aufnehmen könne. Jeden Morgen, während die Erzieherin alles für den Vormittag vorbereitete, erforschte Johnny in dieser für ihn vereinfachten Situation seine Umgebung und probierte aus, was er bei den anderen gesehen hatte. Diese Zeit befähigte ihn, an den Spielen der anderen Kinder teilzunehmen — aber er wußte auch, daß er sich jederzeit wieder in die Leseecke zurückziehen konnte (Heffernan und Todd 1960, 318).

In anderen Fällen gelingt es dagegen über die Bekanntschaft mit einem einzelnen Kind, Beziehungen zur Gruppe aufzunehmen und Sicherheit zu gewinnen. Hier soll noch auf eine weitere Möglichkeit hingewiesen werden. Bei Y. Allen und D. Campbell heißt es: „Die Fähigkeit des Kindes, zu geben und zu nehmen, steht in Beziehung zu seiner eigenen Sicherheit und seinem Selbstvertrauen, und umgekehrt werden seine Sicherheit und sein Selbstvertrauen gestärkt durch erfolgreiche Erfahrungen im Spiel“ (1948, 83). Erfolgreiche Erfahrungen (nicht nur im Spiel) können auch dadurch vermittelt werden, daß die Erzieherin die Fähigkeiten eines unsicheren Kindes zu erkennen versucht und es in entsprechender Weise einsetzt. Es kann sich dabei um sehr verschiedene Aufgaben handeln, die sich auch für weniger begabte Kinder finden lassen; so kann zum Beispiel ein kräftiges Kind mit in eine kleine Gruppe von Jungen hineingenommen werden, die beim Umräumen des Gruppenzimmers besondere Aufgaben haben, da sie „so besonders stark“ sind. Ebenfalls kann sich die Erzieherin mit den betreffenden Kindern oft beschäftigen und sie dabei in bestimmten Fertigkeiten üben, zum Beispiel könnten die für die Gruppe neu angeschafften Puzzlespiele zuerst im kleinen Kreis mit ihnen gespielt werden. In verschiedenen Untersuchungen wurde schon der Erfolg eines solchen Vorgehens gezeigt. So berichtet u. a. D. Mummery, daß die geübten Kinder, als sie mit den ungeübten zusammenkamen, sich in dieser für sie entspannten Situation hilfreich und aufgeschlossen auf die anderen Kinder einstellen konnten (Mummery 1954, 74).
Damit soll keineswegs behauptet werden, daß die Unsicherheit eines jeden Kindes mit Hilfen dieser Art zu beheben wäre, aber man sollte auch nicht verkennen, daß man gerade ungeschickte und schwerfällige Kinder nicht nur zu größerer Geschicklichkeit bringen, sondern vielen von ihnen auch in ihrer sozialen Entwicklung helfen kann – in besserer Weise, als

wenn sie belehrt werden, wie man sich anderen Kindern gegenüber zu verhalten hat.

Auch bei Kindern, die sich nur im Schutze eines Freundes oder der Geschwister sicher fühlen, ist es wichtig, ihnen Erfolgserlebnisse zu vermitteln bei Aufgaben, die sie ganz allein gelöst haben. Die Erzieherin kann sich für ihre Arbeiten, zum Beispiel ihre Zeichnungen oder Werkarbeiten, interessieren und auf die Eigenart der betreffenden Dinge eingehen; sie kann ihnen ein leicht auszuführendes, aber bei den Kindern begehrtes „Amt" anvertrauen und auf diese und ähnliche Weise versuchen, ihre Selbständigkeit zu fördern.

Bei allen angeführten Beispielen ist es von Bedeutung, daß die Erzieherin helfend und teilnehmend in der Nähe des Kindes ist. In Kap. I, 1 wurden schon verschiedene Untersuchungen angeführt, die übereinstimmend zu dem Ergebnis kommen, daß ein Kind die Gegenwart eines ihm vertrauten Erwachsenen braucht, um selbständig werden zu können, und daß es um so mehr darauf bedacht ist, die Aufmerksamkeit und Billigung des Erwachsenen zu suchen, wenn solche Aufmerksamkeit verweigert wurde. Für die Erzieherin ist es wichtig zu wissen, daß es einem ängstlichen, unsicheren Kind nicht helfen kann, wenn sie es nur auf die anderen Kinder verweist und sofort von ihm Selbständigkeit verlangt. Es bedeutet keine Verwöhnung, wenn sie ihm zunächst einmal ermöglicht, oft in ihrer Nähe zu sein, damit es von dieser „Basis" aus „Ausflüge in die Welt der Spielkameraden" (JERSILD) machen kann.

Bei allen Bemühungen der Erzieher, einem Kind zu helfen, kann und darf ein Kind aber auch nicht davor bewahrt werden, Enttäuschungen zu erleben. Hier liegt ein weiterer wichtiger Gesichtspunkt der sozialen Erziehung, der für die momentanen und späteren sozialen Beziehungen des Kindes von Bedeutung ist: Das Kind muß lernen, mit Versagungen fertig zu werden, und wenn ihm das nur schwer gelingt, ist es unbedingt notwendig, seine Frustrationstoleranz zu stärken. Ein Kind erlebt täglich Enttäuschungen: Der Freund, mit dem es zusammen spielen wollte, ist krank geworden und kommt nicht; ein anderes Kind hat schon das Bilderbuch genommen, das es gerade ansehen wollte ... Schwerwiegender sind aber die Erfahrungen, die es machen muß, wenn es selbst abgelehnt wird: Es wird von einem Spiel ausgeschlossen; es wird ausgelacht, weil es etwas falsch gemacht hat usw. Ein Kind, das viele befriedigende soziale Erfahrungen machen konnte, wird ein solches Erlebnis kaum als Kränkung empfinden oder sie doch rasch verwinden. Ein unsicheres, ängstliches Kind oder auch ein verwöhntes, das bisher Zurücksetzungen dieser Art noch nie erlebt hat, kann dagegen sehr betroffen und verletzt sein. Hier sollte die Erzieherin, soweit es in ihrer Möglichkeit liegt, vermitteln, damit einem

Kind nicht von vornherein jeder Mut genommen wird. Man kann ein Kind, das Mühe hat, sich in der Gruppe einzuleben, behutsamer einführen, und die Erzieherin kann auch dazu beitragen, daß Enttäuschungen möglichst gering gehalten werden – das Kind erlebt zwar, daß es zum Beispiel beim Werken noch ungeschickter ist als die anderen Kinder, aber die Erzieherin behält es zunächst einmal in ihrer Nähe, um ihm helfen zu können, oder bittet einige hilfsbereite Kinder darum und setzt es nicht gleich dem überlegenen Spott einiger selbstbewußter „Könner" aus. Oder sie spielt mit ihm und einigen anderen, nicht zu sehr überlegenen Kindern zusammen ein Spiel, so daß das ängstliche Kind erleben kann, daß es ebenso wie die anderen gewinnt und verliert.

Eine wesentliche Hilfe bei der Aufgabe, die Frustrationstoleranz des Kindes zu erhöhen, sind eine Reihe von Spielen wie die „Schwarze Köchin", die ausgeführt werden können, wenn das Kind sich schon etwas eingelebt hat und zumindest zu der Erzieherin Kontakt gefunden hat. Hier erlebt das Kind, daß es ausgelacht und allein gelassen wird, aber das alles geschieht im Spiel, und die Spielregel sorgt dafür, daß es kurze Zeit später eine ausgezeichnete Stellung erhält und nun der Anführer wird.

Aber gerade das unbeholfene oder das wenig anziehende oder das besonders empfindliche Kind muß immer wieder erleben, daß es auch in der Realität abgelehnt wird, sosehr sich die Erzieherin darum bemüht, diese Vorfälle zu vermindern, indem sie die Kinder zu größerer Toleranz und Rücksicht erzieht und das betreffende Kind so zu fördern versucht, daß es weniger Anlässe zu Zusammenstößen gibt. Diese Erfahrungen können dem Kind nicht erspart werden, und die Erzieherin kann ihm dann nur bei der Verarbeitung dieser Erlebnisse helfen und versuchen, ihm durch ihr Verständnis bei der Bewältigung der Kränkungen beizustehen. Es ist wichtig, daß es sich nicht beleidigt oder entmutigt zurückzieht oder mit Aggressionen antwortet und damit seine sozialen Beziehungen noch verschlechtert, sondern den Mut faßt, weiterhin am Leben der Gruppe teilzunehmen und sich den Kontakten zu öffnen, wie sie sich für dieses Kind am leichtesten in den von der Erzieherin geleiteten Aktivitäten ergeben. – Daß es auch Kindern im Kindergartenalter schon gelingen kann, in erstaunlicher Weise mit Enttäuschungen fertig zu werden, kann das Beispiel von Rita zeigen (Kap. II, 3b). Sie hatte ein besonders häßliches Ekzem an Gesicht und Extremitäten, da sie aber auf das Zurückweichen der anderen Kinder nicht gekränkt reagierte, sondern selbst vermittelte, wurde sie trotz ihrer Entstellung zu einem völlig akzeptierten und beliebten Mitglied der Gruppe.

3. Die Gruppe als Helfer bei der Eingliederung auffälliger Kinder

In den vorangegangenen Kapiteln wurden schon wiederholt Beispiele gegeben, wie man einem Kind dazu verhelfen kann, sich in der Gruppe einzuleben und Schwierigkeiten zu überwinden, wie es in ein Spiel einbezogen wird, wenn man eine geeignete Rolle für es vorschlägt, oder wie man ihm zu einer größeren Sicherheit in der Gruppe verhelfen kann. Hilfen dieser Art für das betreffende Kind müssen aber ergänzt werden durch die Bemühungen der Erzieherin, auch die Gruppe dahin zu führen, daß sie das Kind in gewissem Maß akzeptiert. Wenn es gelingt, die Gruppe dazu zu gewinnen, der Erzieherin im Umgang mit einem auffälligen Kind zu helfen, so ist das nicht nur für das betreffende Kind ein großer Gewinn, sondern auch für seine Gefährten, die sich darin üben, Rücksicht zu nehmen, tolerant zu sein und sich einfühlend und taktvoll zu verhalten. – Die Erzieherin, die sich darum bemüht, einem jeden neu in die Gruppe eintretenden Kind einen guten Anfang zu verschaffen, kann beispielsweise ihrer Gruppe vorher erzählen, welches Kind am nächsten Tag kommen wird, mit einigen Kindern verabreden, wie sie ihm behilflich sein können (ihm zum Beispiel zeigen, wo sein Fach, sein Kleiderhaken usw. sind), und so bei den Kindern freundliche Bereitschaft und Neugier wekken. Andernfalls könnte es geschehen, daß die Gruppe zwar anziehende Kinder freudig aufnimmt, aber gerade ein unscheinbares oder ängstliches Kind als „Eindringling“ empfindet und sich von ihm zurückzieht. – Bei dieser Einführung kann die Erzieherin die Kinder auch vorbereiten, wenn bei dem betreffenden Kind schon bekannte Besonderheiten vorliegen. Die größere Wirkung hat dann allerdings das Verhalten der Erzieherin dem neuen Kind gegenüber – wenn die Kinder immer wieder erleben, wie sich die Erzieherin hilfreich auf ein Kind mit besonderen Nöten einstellt. So berichtet Herta Fuchs aus einer Sondergruppe mit einem großen Anteil auffälliger Kinder, wie sie die Gruppe zum Beispiel auf ein kränkliches Kind mit deformiertem Ohr und eins mit einem schweren Sprachfehler vorbereitete. „Beide Kinder wurden nach kurzer Ablehnung freundschaftlich von der Gruppe aufgenommen, nachdem ich die anderen Kinder auf diese konstitutionellen Abnormitäten vorbereitet hatte ... Durch Identifizierung mit mir halfen alle eifrig bei der fürsorglichen Beobachtung mit, und beide Kinder wurden sehr taktvoll vor einer Zurücksetzung bewahrt“ (Fuchs 1932, 352). – Das Verständnis für Kinder mit körperlichen Schäden (für die noch kein Sonderkindergarten in Frage kommt oder nicht zu erreichen ist) ist leichter zu wecken als für Kinder mit psychischen Auffälligkeiten. Während der körperliche Schaden für die Kinder einsichtig ist und oft Hilfeleistungen geradezu herausfordert, ist es sehr viel schwerer, ihre Hilfe für ein Kind zu gewinnen, das jähzornig, hochmütig, wehleidig, egoistisch ist, das also Verhaltensweisen zeigt, die bei ihnen selbst schon getadelt wurden. Trotzdem kann auch hier ein Verständnis bei den Kindern geweckt werden, wie es zum Beispiel bei Martin gelang, dessen Fall in Kap. II, 3b geschildert wurde. Er störte zwar das Leben im Kindergarten erheblich durch seine Zornausbrüche und schlug und kniff dann die anderen Kinder, aber er wurde trotzdem von ihnen akzeptiert.

Obwohl es oft schwierig und in manchen Fällen sogar vergeblich ist, die Gruppe dahin zu führen, daß sie ein Kind nicht zum Außenseiter werden läßt, muß doch immer wieder versucht werden, diesen Gruppenprozeß zu beeinflussen. Das gelingt am besten, wenn folgende Voraussetzungen gegeben sind:

a) Die Erzieherin selbst muß immer wieder versuchen, die Schwierigkeiten des Kindes zu interpretieren, die richtigen Hilfen zu finden und ihm affektfrei gegenüberzustehen, indem sie es als hilfsbedürftiges Kind sieht und sich nicht persönlich durch die Schwierigkeiten des Kindes gekränkt fühlt. (Das schließt keineswegs aus, daß sie im Interesse der Gruppe und des betreffenden Kindes auch Forderungen stellen und Grenzen setzen muß.)

b) Die Kinder werden nicht durch einmalige Appelle zu einer größeren Hilfsbereitschaft und Toleranz gebracht, sondern vor allem durch das Vorbild der Erzieherin, die sich in gleichbleibender Weise um das Kind bemüht.

c) Die Erzieherin kann das Verständnis der Kinder wecken und vertiefen, indem sie, wenn es möglich und gegeben zu sein scheint, mit den Kindern spricht, ihnen die Schwierigkeiten des anderen Kindes deutet in seinen Ursachen und den Auswirkungen, die sie für das Kind haben, und den Kindern auch Vorschläge macht, wie sie den Gefährten in ein Spiel einbeziehen könnten. So kann sie mit den Kindern besprechen, daß ein behindertes Kind wiederum nicht ständig bedient werden darf, sondern sich auch üben muß; in einem anderen Fall könnte sie den Kindern erläutern, daß ein Kind so schlecht versorgt ist, weil seine Mutter schon lange krank ist, oder daß ein Kind noch nie vorher mit anderen Kindern spielen konnte und es ihm daher so schwer fällt, nicht über alles selbst verfügen zu können. In dieser Art lassen sich häufig Erklärungen finden, die den Kindern verständlich sind. HERTA FUCHS schreibt in ihrer schon zitierten Arbeit, daß die Kinder ja auch von ihren Familien her gewöhnt seien, an die verschiedenen Mitglieder verschiedene Ansprüche zu stellen, und ebenfalls ihren Spielkameraden gegenüber durchaus differenzieren können: „Sie sind zu meinen unentbehrlichen, taktvollen Mitarbeitern geworden und haben bei Konflikten vermittelnd eingegriffen" (FUCHS 1932, 352).

Wenn es auch immer wieder mißlingen kann, die Bereitschaft der Gruppe zu gewinnen, so ist es doch von großer Bedeutung, ob schon in diesen ersten Begegnungen des Kindes mit Gefährten, die abgelehnt und verspottet werden, die erzieherischen Bemühungen darauf gerichtet sind, bei dem Kind Toleranz, Verständnis, Hilfsbereitschaft und Verantwortungsgefühl zu wecken, oder ob man das Kind ungehindert erleben läßt, wie leicht es ist, zusammen mit den Kameraden einen Gefährten zu kränken und zurückzustoßen.

4. Soziale Erfahrungen im Spiel

a) Gebundene Spiele

Zu den Spielangeboten im Kindergarten gehören auch Spiele, die nach einfachen Spielregeln ablaufen oder durch Text und Melodie festgelegt sind und die mit einer kleineren oder größeren Gruppe von Kindern gemeinsam ausgeführt werden (die Teilnahme muß in jedem Fall freiwillig sein). Das Kind kann in diesen Spielen ganz bestimmte, für das jeweilige Spiel weitgehend festliegende soziale Erfahrungen machen. Die Erzieherin sollte daher eine Reihe von Spielen, die sie von verschiedenen Gesichtspunkten aus für ihre Gruppe für geeignet hält, auch daraufhin durchdenken, welche Bedeutung sie für die soziale Erziehung haben können, und eine entsprechende Auswahl treffen. (Zur Ergänzung der folgenden Ausführungen kann das Kapitel „Wetteifer – Verständnis für Spielregeln" herangezogen werden. Dort stehen Spiele im Mittelpunkt, bei denen das Gewinnen der wichtigste Spielgedanke ist, während es in den folgenden Spielen entweder keinen Sieger gibt oder das Gewinnen und Verlieren eine weniger große Bedeutung haben.)

Das gegenseitige Kennenlernen wird gefördert und vertieft:
1. Ein wesentlicher Schritt in einer fremden Gruppe ist immer damit getan, wenn man die Namen der Fremden kennenlernt. Das ist zum Beispiel in einem Kreisspiel leicht möglich, wo ein Kind nach dem andern mit Namen aufgerufen wird: „Wir gehen in der Kette, und die Kette

klingt, ... Peter dreht sich um." Gerade durch die Freude der Kinder an Wiederholungen können sich die Namen, die in den ersten Durchgängen noch von der Erzieherin allein gesungen werden müssen, bald einprägen, so daß das Kind nach einiger Zeit jeden Spielgefährten kennt und wählen kann. Bei einem Spiel wie „Namenrufen" wirft es einen Ball in die Luft und ruft den Namen des Kindes, das ihn fangen soll.[8]

2. Kinder, die aus Zufall zu Partnern geworden sind, handeln zusammen: Das „wilde Tier" („Wir woll'n einmal spazierengeh'n in einem schönen Garten, wenn nur das wilde Tier nicht käm' ...") hat ein Kind gefangen, und es muß ihm helfen, auch die anderen einzufangen; in „Wir kommen aus dem Morgenland" gehört das gefangene Kind jetzt in eine andere Gruppe und überlegt mit ihr, welches „Handwerk" sie nun vorführen will. – Das Kind wählt hier also nicht unter den Kameraden aus, die ihm schon vertrauter sind, sondern es gehört plötzlich zu einem Kind, mit dem es vorher noch kaum eine Verbindung hatte. Diese Kontakte, auch wenn sie nur flüchtig sind, tragen mit dazu bei, daß alle Kinder der Gruppe einander besser kennenlernen.

3. Die Kinder lernen, ihre Kameraden genauer zu beobachten: Wenn sich die Kinder einer Gruppe schon besser kennen, können Ratespiele durchgeführt werden wie „Einer ist verschwunden hier im Kreis ..." – das ratende Kind muß herausfinden, welches Kind aus der Gruppe sich versteckt hat. Oder es muß mit verbundenen Augen raten, welches Kind mit verstellter Stimme antwortet („Im Keller ist es duster ... Wer steht vor dir?"). Wenn das Kind falsch rät, können ihm die anderen Kinder helfen und den Gesuchten näher beschreiben: Das Kind hat Zöpfe, es wird immer von seinem Großvater abgeholt, es hat heute früh mit Frank zusammen die Autobahn gebaut ... Gerade diese Verbalisierungen rufen bei den beschreibenden Kindern ein deutlicheres Bild des Gesuchten hervor; im ersten Spiel versuchen sie sich zu erinnern, wie das Kind, das sich verborgen hat, aussieht, während sie es beim zweiten Spiel genauer als bisher betrachten, um es gut beschreiben zu können. Ihre Aufmerksamkeit wird auch auf andere Eigenarten des Kindes gelenkt, zum Beispiel auf das, womit es sich besonders gern beschäftigt, und auch auf zurückliegende Begebenheiten („Es hat lange gefehlt, weil es Masern hatte") oder auf das, was es erzählt („Es hat zu Hause einen Hund").

---

8 Für jeden Punkt werden nur einige wenige Beispiele angeführt. Da der in diesem Zusammenhang wichtige Spielgedanke eines jeden Spiels deutlich wird, wird es nicht ausführlicher beschrieben; falls es nicht bekannt ist, kann es leicht durch ähnliche Spiele ersetzt werden. — Spiele dieser Art werden u. a. beschrieben bei F. M. Böhme (1897), G. Hahn (1955), F. Hoerburger und H. Segler (1962), M. Schmaus (1958).

Das Kind erlebt im Spiel Über- und Unterordnung:
Das Kind wird im Spiel zum Anführer oder zum Mittelpunkt der Gruppe: Es geht bei der „Schwarzen Köchin" um den Kreis herum und schlägt die Kinder an, die ihm nun folgen dürfen („komm mit, mit, mit!"). Bei dem Spiel „Ziehet durch, durch die gold'ne Brücke" sind es zwei Kinder, die die Brücke bilden, ein Kind einfangen („der letzte muß gefangen sein") und es im Flüsterton fragen, ob es den „goldenen Apfel" oder die „goldene Birne" will ... Der Spielführer kann sich auch selbst etwas ausdenken wie in dem Spiel „Ich sehe was, was du nicht siehst". Oft hat er eine beträchtliche Verfügungsgewalt: In „Ochs am Berge, eins, zwei drei" nennt er die Kinder, die sich noch bewegen, wenn er sich bei „drei" rasch herumdreht, und sie müssen zurück an den Ausgangspunkt; oder er bestimmt für alle die Bewegungsart in „Fischer, Fischer, wie hoch ist das Wasser?"

Jedes Kind kann in diese Position kommen, aber eine solche ausgezeichnete Rolle hat es nur für kurze Zeit inne, dann ist es wieder in der Gruppe der „Gefolgsleute", die sich den Angaben des Anführers fügen müssen. In anderen Spielen spielt das Kind zwei herausgehobene, aber reziproke Rollen kurz nacheinander: Die „Katze", die die „Maus" gerade noch verfolgte, wird nun selbst zur „Maus" und muß fliehen.

In diesen und ähnlichen Spielen kann auch das Kind, das im freien Spiel am Rande steht, erleben, daß es anführen darf und im Mittelpunkt des Interesses steht. Falls ein Kind nicht noch zu jung oder zu ängstlich oder unerfahren ist, gelingt es ihm auch, Spielführer zu sein (gegebenenfalls zuerst mit Hilfe der Erzieherin, die ihm zum Beispiel die richtigen Worte vorsagt). Das kann das Kind mit Freude und Stolz erfüllen und ihm mit dazu verhelfen, daß es auch in anderen Situationen mutiger hervortritt, einen Vorschlag macht, seine Meinung sagt ... Vor allem hat diese Hervorhebung des Kindes nicht ihre Ursache in Ermahnungen der Erzieherin („Laßt Sabine doch auch einmal anfangen!") oder in einem direkten Eingriff („Jetzt bist du nicht schon wieder der erste, Udo, sondern Peter fängt an!"), und die bevorzugte Rolle eines Kindes muß auch nicht von der Erzieherin mit Einfühlungsvermögen und einem guten Einfall eingeführt werden, sondern sie wird viel beiläufiger durch die von allen anerkannte, unpersönliche Spielregel zugeteilt. (Das schließt nicht aus, daß auch gelegentlich gemogelt wird, um den Freund zu begünstigen, oder daß in einigen der genannten Spiele neben dem Zufall, durch den auch das zurückhaltende, ungeübte Kind zum Spielführer wird, auch Geschicklichkeit und Wendigkeit von Bedeutung sind.) – Umgekehrt lernen die Kinder, die immer an der Spitze stehen wollen, daß sie sich auch einfügen müssen, wenn das Spiel nicht empfindlich gestört werden soll.

Im Spiel werden Konflikte ausgedrückt und überwunden:
Immer wieder wird von einem Kind gefordert, daß es sich einfügt, auch in den schon genannten Spielen: Wenn es die Spielregel nicht einhalten will, also als „Maus“ weiterhin den Partner verfolgen möchte, fällt das Spiel auseinander. In einigen Spielen ist es aber erlaubt, ‚böse‘ zu sein. Im Spiel „Muß wandern“ kommt die Hauptfigur, der ‚lustige Springer‘, polternd herein, „er schüttelt seinen Kopf (das ist: Nein!), er rüttelt an seinem Rock und stampft mit dem Fuß. So wird das Schlimmsein dargestellt. Eben dadurch hebt man es aus der Sphäre des Persönlichen heraus, zieht das Böse sogar ein wenig ins Komische und zeigt dem Kinde eine Möglichkeit, durch die positive Schlußwendung ‚Komm, wir wollen tanzen gehn!‘ das Bösesein zu bewältigen, ohne daß direkt davon gesprochen wird“ (SCHMAUS 1958, 48).
In anderen Spielen bereitet es Vergnügen, angesichts einer drohenden Gefahr keck und mutig zu sein: „Wer fürchtet sich vorm schwarzen Mann?“ – „Niemand!“, oder man geht sorglos umher: „Wir woll'n einmal spazierengeh'n in einem schönen Garten“ – aber dann ist doch eine gewisse Angst zu überwinden: „wenn nur das wilde Tier nicht käm' ...“, und wenn nun gesungen wird: „schlägt ein Uhr, es kommt noch nicht, schlägt zwei Uhr, es kommt noch nicht“, wächst die Spannung immer mehr, denn man weiß, daß es um zwölf Uhr hervorstürzen wird. In ähnlichen Spielen lauert der Habicht auf die Hühner, der Fuchs auf die Gänse, man flieht in das schützende „Haus“ oder hinter die rettende Ausgangslinie, aber einmal wird man doch gefangen, und damit löst sich die Spannung sehr rasch, das Kind hilft nun dem Fänger oder erhält sogleich selbst die Rolle des Spielführers. – Die eindrucksvollsten Spiele, in denen Angst bewältigt werden muß, sind aber wohl die, in denen das Kind allein gelassen und verspottet wird. In der „Schwarzen Köchin“ rufen alle Kinder triumphierend, wenn das übriggebliebene Kind allein in ihrer Mitte steht: „Da steht sie ja, da steht sie ja, pfui, pfui, pfui!“, oder in einem anderen Spiel heißt es: „Da steht der Gänsedieb, den hat kein Mensch mehr lieb!“ Hier erlebt das Kind im Spiel eine Situation, die es im realen Leben fürchtet oder mit Kummer und Angst wirklich erlebt hat: daß man es allein läßt, nicht mehr liebt, es auslacht. Aber dieser Vorgang wird jetzt gehalten und gemildert durch die Spielregel, die dafür sorgt, daß die beängstigende Situation gleich wiederaufgehoben wird und das Spiel von vorn beginnt, meist mit einer ausgezeichneten Stellung des Kindes, das vorher allein geblieben war. So können Ängste erlebt und bewältigt und innere Spannungen gelöst werden. Trotzdem dürfen diese Spiele nicht unüberlegt mit allen durchgeführt werden. Obwohl die beängstigenden Erlebnisse „nur im Spiel“ erfahren werden, können sie das Kind sehr

beeindrucken, und der Erzieher muß bedenken, ob nicht doch ein Kind überfordert werden könnte. Wenn ein Kind noch neu im Kindergarten ist, Angst vor der großen Gruppe hat, von den Kameraden abgelehnt wird – in all diesen Fällen könnte die gegenteilige Wirkung erreicht werden. Die Folgen sind dann keine Entspannung und Ermutigung, sondern ein Erschrecken, obwohl sich ein etwas älteres Kind kaum etwas anzumerken lassen braucht, um nicht noch als „Spielverderber" gescholten zu werden. – Die Voraussetzung für alle Spiele dieser Art (vor allem bei Gesellschaftsspielen, in denen ein Kind „hereingelegt" wird) sind gute und tragfähige Beziehungen zumindest zu der Erzieherin oder zu einer Untergruppe, nur dann kann das Kind die Versagungen im Spiel und auch die im gemeinsamen täglichen Leben verarbeiten, und damit wird seine Frustrationstoleranz, d. h. seine Fähigkeit, Versagungen zu ertragen, gestärkt.

b) Freie Rollenspiele

Diese Spiele können in jedem Kindergarten beobachtet werden: Die Kinder spielen Familie, Kaufmann usw.; sie übernehmen dabei die Rollen selbst, oder sie lassen Spielzeugfiguren agieren. – Vom Parallelspiel aus, in dem die Kinder nebeneinander zum Beispiel mit Puppen spielen, finden sie zeitweilig zu gemeinsamem Handeln (sie grenzen eine „Wohnung" ein, fahren zusammen mit den Puppenwagen fort ...), und so können sich allmählich reich ausgebaute kooperative Spiele entwickeln, in denen auch verschiedene Spielgruppen zusammen handeln: Die „Familie" kauft ein, fährt mit der Eisenbahn usw. – In dem Abschnitt über die gelenkten Gruppierungen (Kap. V, 1b) wurden Beispiele angegeben, wie gut sich auch am Rande stehende Kinder in diese Spiele einbeziehen lassen, wenn die Erzieherin mit Phantasie und Einfühlungsvermögen eine geeignete Rolle für das betreffende Kind vorschlägt. In diesem Zusammenhang soll die Bedeutung der Rollenspiele für die sozialen Beziehungen zwischen den Kindern nicht näher ausgeführt, sondern ein anderer Aspekt herangezogen werden: Die Rollenspiele helfen dem Kind bei dem Prozeß der Sozialisation. Das Kind, das in die Gesellschaft hineinwächst, muß das lebendige soziale Wechselspiel zwischen den Menschen seiner Umgebung und die wichtigsten Gesten und Symbole in ihrer Bedeutung verstehen lernen, wenn es sich selbständig und sicher am sozialen Handeln beteiligen will. Täglich erweitert es seine Kenntnisse, außer seiner Familie kennt es die Nachbarn, den Briefträger, den Kaufmann, den Arzt oder andere Menschen seiner Umgebung; im Kindergarten lernt es viele Kinder und einige ihrer Angehörigen kennen und außer seiner Gruppenleiterin auch die anderen Mitarbeiter. Die sozialen Erfahrungen des Kindes werden uns bewußt, wenn wir es beobachten können, wie es mit den verschiedenen Personen seiner Umwelt umgeht, aber noch deutlicher können sich seine Kenntnisse im Spiel ausdrücken: In den Spielen, die das soziale Erleben widerspiegeln, ist das Kind, wenn es eine Rolle als Kind übernommen hat, meist ein jüngeres, das als Baby gefüttert wird, ein älteres, das schon in die Schule geht, oder ein Kind in einer besonderen Situation: das krank ist, Geburtstag hat usw. Aber besonders gern spielt es die Partner, mit denen es täglich umgeht: Mutter, Vater, Kaufmann, Schaffner usw. Damit spielt es jetzt den Teil des sozialen Miteinanders, den es im täglichen Leben innerlich vorwegnehmen muß, um der Situation entsprechend handeln zu können (wenn es also Käufer, Patient usw. ist im Wechselspiel mit dem Verkäufer, dem Arzt ...). Es spielt aber auch Szenen, die es nur vom Zusehen kennt oder sogar nur vom Erzählen: Es fährt wie der Vater mit dem Auto zur Tankstelle, es spielt Schule usw. – Die Kenntnisse der Kinder von einer bestimmten Situation gehen oft über einige wenige Handlungen nicht hinaus, sie vermischen sich auch mit dem, was sich das Kind phantasievoll ausmalt und was es aus Erzählungen behalten hat. Aber andererseits ist es oft überraschend, wieviel Positionen und Rollen und wieviel Normen, die bestimmte Situationen betreffen, doch schon bekannt sind. Das folgende Protokoll wurde als Beispiel gewählt, weil es zeigt, wie gut Kinder auch eine Institution kennen, mit der sie viel weniger in Berührung kommen als mit ihrer engeren sozialen Umgebung:

Volker (6;6), Sebastian (6;0) und Werner (5;6) sitzen an einem Tisch und bauen zusammen ein Hochhaus. Alle drei fassen nun den Plan, eine Kirche zu bauen mit einem Turm und einer „Ringeltreppe". — Volker steht auf, um kleine Holzfiguren zu holen, sie setzen sie in den Innenraum. Volker: „Zwei Engel!" Sie haben jetzt aufgestellt: aus Bauklötzen den Altar und die Bänke, zwei gelbe Männchen am Altar als Engel, ein dunkles als Pastor, in den Bänken Reihen von Menschen. — Einer von ihnen stößt an den Tisch, viele der Figuren fallen um. Sie müssen das Dach abnehmen, um die Männchen wieder aufzurichten. „Jetzt wird gebetet, es stehen alle." — „Wo ist denn der Pastor?" — „Der liegt da unten!" Sie lachen. Werner: „Es wird alles verbessert. Sebastian, hilf doch mal mit beim Verbessern." — Das Dach ist fertig. Sie legen Steine für den Turm darauf. Werner: „So doch nicht!" Volker: „Doch, schau mal." Sebastian fragt die Erzieherin, ob ein Kirchturm rund oder eckig sei. Sie antwortet, es gäbe beides. Die Kinder entscheiden sich für einen eckigen Turm. — Zwei der Männchen sind bei einer Erschütterung gegeneinander gefallen. Volker ruft lachend: „Andi, die machen in der Kirche einen Ringkampf!" Andi und Thomas kommen dazu, alle lachen. Volker ruft die Erzieherin, sie solle den Bau ansehen. Volker: „Es ist dunkel darin." Erzieherin: „Ja, in der Kirche ist es auch nicht so hell. Soll ich euch eine Glocke geben?" Sie bejahen es und probieren aus, wie die Glocke im

Turm aufgehängt werden kann. Volker läutet die Glocke, sie freuen sich. Werner: „Es schlägt zwölf."

Die Kenntnisse der Kinder von den hier geltenden Normen werden besonders deutlich an ihrer Erheiterung darüber, daß der „Pastor" hingefallen ist und daß zwei Männchen in der Kirche einen Ringkampf zu machen scheinen. Das zeigt, daß sie genau wissen, wie unpassend diese Vorfälle in der Kirche sind; hätte es sich bei den aufgebauten Figuren zum Beispiel um Kinder auf dem Spielplatz gehandelt, wären diese Begebenheiten für sie im Rahmen des „Richtigen" geblieben.
Das Spiel der Kinder zeigt aber nicht nur die vielfältigen sozialen Erfahrungen der Kinder und ihren Wunsch, sich aktiv in ihrer Umgebung zu bewegen, sondern es spiegelt auch die Ängste und Bedrohungen unseres Lebens wider, so wie es hier in der zweiten Hälfte des Protokolls deutlich wird:

Einige Kinder sitzen um einen Tisch herum und formen mit Knetgummi, unter ihnen Thomas (5;1), Wolfgang (6;1) und Jörg (6;1), anfangs sitzt die Erzieherin bei ihnen. Jörg klagt, er bringe nichts zustande. Erzieherin: „Natürlich kannst du ein Auto machen. Was für eins soll es denn werden? Ein VW, ein Mercedes?" Jörg: „Ein VW." Dann sagt er: „Das wird ein Panzer." Erzieherin: „Dann mach einen Panzer." Thomas knetet Schiffe. „Mit mir kannst du fahren, Tante B." Erzieherin: „Wo fährt dein Schiff denn hin?" — „Nach Amerika." Sie gibt ihm ihr kleines Auto, damit es verladen werden kann, und knetet ein Männchen, das sie Thomas hinübergibt: „Vielen Dank, daß Sie so lange gewartet haben, ich mußte noch etwas besorgen." Thomas: „Tante B., du bist ins Wasser gefallen!" — „Ach du Schreck, dann fisch mich mal schnell wieder raus." Thomas läßt sein Schiff laut brummen, die Erzieherin fragt ihn, ob er es nicht leiser laufen lassen könne; Thomas verneint. Erzieherin: „Dann ist sicher was dran kaputt. Sie müssen die Maschine mal ölen."
Andi (5;5) kommt mit einem soeben gemalten Bild aus dem Nebenraum und fragt die Erzieherin, ob die Flagge die dänische sei. Sie geht mit ihm hinüber.
Wolfgang hat ein Schiff geknetet, er ruft: „Das explodiert!", und wirft es in die Luft. „Ein Kriegsschiff." Jörg: „Ein Kriegspanzer."
Wolfgang: „Kannst du Krieg gut leiden?" Jörg: „Nein." Wolfgang: „Ich auch nicht. Ich habe noch keinen miterlebt." Sie reden darüber, ob wohl Krieg kommt. Wolfgang: „Es gibt nämlich Menschen, die glauben, daß Krieg kommt. Ich kann Panzer und Schießgewehre gut leiden, aber wenn jemand tot geht ... nein!" Jörg will ein Flugzeug machen. Er ruft: „Jetzt führen wir Krieg!" Wolfgang: „Wir müssen jetzt die Bomben machen! Die Bombenangriffe auf Vietnam!" Er geht mit dem Flugzeug an den Nebentisch, ruft: „Die Bomben fallen!" Jörg: „Der erste Weltkrieg kommt!" Er läßt sein Flugzeug mit Geheul fliegen.
Die Erzieherin kommt zurück. Stefan: „Die spielen vom Krieg." Jörg: „Eine Atombombe!"

In den Spielen der Kinder finden wir also einmal das Vertraute, das täglich Erlebte, aber auch das, was sich das Kind wünscht, was es beeindruckt hat, was es ängstigt oder von den Konflikten seiner Umwelt aufgegriffen hat. Wie weitgehend die bevorzugten Spielmuster der Kinder ein Spiegel der uns umgebenden Kultur sind, die „das Rohmaterial für die Aktivitäten und Phantasien der Kinder liefert" (MURPHY 1937, 60), wird besonders deutlich, wenn wir in anderen Gesellschaftsformen anderen Spielinhalten begegnen. Daher soll in einem Exkurs am Schluß dieses Kapitels eine ältere Untersuchung von OLGA DOROSCHENKO (1928) ausführlicher referiert werden, weil hier deutlich wird, wie in einer gewandelten Gesellschaftsform mit einer neuen Bildungskonzeption andere Spielinhalte auftreten (es handelt sich um die UdSSR in den zwanziger Jahren).

Der Erzieherin fällt mit der Pflege dieser Rollenspiele eine wichtige Aufgabe zu. In vielen Fällen genügt es, wenn sie den Kindern zu dem für ihr Spiel notwendigen Platz verhilft und wenn einige wichtige „Requisiten" vorhanden sind. Oft wird ein Spiel auch durch eine interessierte Frage oder die eigene Beteiligung bereichert, und Erlebnisse des Kindes werden auf diese Anregung hin mit in das Spiel einbezogen. Die Erzieherin hat aber auch die Aufgabe, den Gesichtskreis der Kinder zu erweitern, wie es durch Unternehmungen mit den Kindern (Spaziergänge, Ausflüge, Feste), durch die weitgehende Einbeziehung der Menschen, die beruflich mit dem Kindergarten zu tun haben, aber auch durch Erzählen und das Betrachten von Bildern möglich ist. Das nur für kurze Zeit Erlebte (die Gäste werden begrüßt, der Bahnbeamte läßt den Zug abfahren, der Postbote bringt ein Paket ...) oder das nur Gehörte oder im Bild Gesehene wird den Kindern in besonderer Weise zu eigen, wenn sie es im Wechselspiel selbst agierend darstellen. Indem die Kinder immer wieder probierend die Rollen aller Beteiligten abwechselnd übernehmen (oder zum Beispiel Puppen handeln lassen), werden sie in einer Weise, die ihnen in besonderem Maße entspricht, mit dem Leben ihrer näheren und auch weiteren Umgebung vertraut. (Die kognitive Seite der Rollenübernahme und Verständigung wird u. a. bei J. H. FLAVELL 1968 dargestellt und diskutiert.)

Exkurs

„Der Einfluß des Milieus auf den Inhalt und Aufbau frei entstehender Kollektive im vorschulpflichtigen Alter", Untersuchung von OLGA DOROSCHENKO 1928.

OLGA DOROSCHENKO wählte für diese Forschungsarbeit zwei Kindergärten in Kiew aus. Zunächst wurde das Familienmilieu eines jeden Kindes aus zwei verschiedenen Kindergartengruppen in Kiew untersucht, dazu das breitere soziale Milieu (Straße, Arbeitsfeld, mit dem die Familienmitglieder verbunden waren, die Lebensgewohnheiten in dem betreffenden Wohnviertel). Dann wurden in beiden Kindergartengruppen die spontanen Gruppierungen von Kindern im Spiel beobachtet. Die beiden Gruppen (mit je 35 Kindern, zwei Erzieherinnen und einer Hausbeamtin) konnten nicht völlig parallelisiert werden, aber sie hatten die gleiche Ausrüstung an didaktischem Material, und es wurde nach dem gleichen Plan und mit denselben Methoden gearbeitet. Bei der Untersuchung des Milieus ergaben sich große Unterschiede. In einem der Kindergärten (= Kg 1) waren 81 % der Väter qualifizierte Arbeiter oder Sowjetangestellte. Alle Eltern waren Mitglieder der professionellen Verbände, feierten die Revolutionsfesttage, die Eltern arbeiteten beide. „Das Wort ‚Familienleben' im alten Sinne fehlt den Kindern fast ganz" (S. 155). Die Eltern in dem zweiten Kindergarten (= Kg 2) waren zwar Proletarier, aber nicht der Ideologie nach. Sie betrauerten die „Herrschaften" und standen den Neuerungen der Sowjets feindlich gegenüber, sie nahmen an Manifestationen und Demonstrationen nicht teil. „Die Familie ist auch hier fast zerstört durch das Leben, doch während der Feiertage vereinigt sich die Familie und macht Anstrengungen, das Familienleben zu erhalten – wenn auch nur für die Kinder" (S. 155). [9]

Die wichtigsten Ergebnisse beziehen sich auf die Inhalte der Spiele, die Größe der Spielgruppen und die Dauer der Spiele.

Einteilung der Spiele nach dem Inhalt:

	Kg 1	*Kg 2*
alte Lebensform [10]	6,25 %	49 %
produzierende Spiele [11]	14,62 %	36 %

[9] Seit der Zeit, in der O. DOROSCHENKO ihre Untersuchung durchgeführt hat, haben sich mit der veränderten Einstellung zur Familie auch die Spielinhalte im Kindergarten geändert. Dazu ein Zitat aus einer Untersuchung in der DDR über das Spiel bei dreijährigen Kindergartenkindern: „Vielleicht taucht bei mancher Erzieherin der Gedanke auf, daß doch ein Familienspiel nicht besonders gepflegt zu werden braucht und daß es darauf ankommt, die Kinder mit den neuesten sozialistischen Errungenschaften bekannt zu machen, um fortschrittliche Spielinhalte bei den Kindern zu entwickeln. Dazu ist folgendes zu sagen: ... ein Kind (kann) nur das spielen, ... was es auch wirklich erlebt und verstanden hat. Die Sorge der Eltern für das Kind, ihre Fürsorge den anderen Geschwistern gegenüber, ... die Erzählungen von der Arbeit der Eltern, die Tätigkeit im Haushalt — all das stellt das Zuhause der Kinder dar, ist das Familienleben, das den Kindern bekannt ist, das sie täglich erleben. Deshalb ist es nur natürlich, wenn die Kleinen zunächst das Verhältnis Mutter, Vater und Kind darstellen und dazu die Tätigkeiten, die sie zu Hause gesehen haben" (HOPPE 1961, 38).

[10] alte Lebensform = Familie, Nachbarn, Küche usw.

[11] Kg 1 lag zwar in der Nähe eine Fabrik, aber es war nur die Beobachtung des äußeren Lebens möglich; die Kinder aus Kg 2 dagegen konnten Handwerkern bei der Arbeit zusehen.

Kleinhandel und Handel	3,00 %	9 %
städt. kommunales Leben	24,16 %	—
Verkehrsmittel	10,42 %	—
revolutionäre Lebensform	6,24 %	—
Dramatisierung der Märchen	8,30 %	6 %
revolutionäre Spiele	16,60 %	—
Pfadfinder	10,41 %	—

Einteilung der Spiele nach der Zahl der Teilnehmer[12]:

Kg 1		*Kg 2*	
unter 5	8,30 %	unter 5	38,85 %
5—10	18,75 %	5	20,90 %
10—15	27,05 %	6	16,25 %
15—20	12,05 %	7	15,00 %
25—30	14,16 %	8	11,00 %
30—35	14,62 %		

(In der Tabelle sind offensichtlich Druckfehler, die Zahlen addieren sich nicht auf 100 %, G. H.)

Die Zeitdauer der Spiele

	Kg 1	*Kg 2*
weniger als 10 Min.	—	8,9
10—15 Min.	14,58	13,3
15—20 Min.	—	19,9[13]
20—30 Min.	—	35,7
40—60 Min.	62,5	22,2
1— 2 Std.	10,42	—
über 2 Std.	12,5	—

Aus diesen Tabellen ist klar zu erkennen, daß das Milieu nicht nur den Inhalt der Spiele beeinflußte, sondern — eben durch die Art dieser Spiele bedingt – auch den Umfang der Gruppen und die Dauer der Spiele. (Es können daher keine feststehenden Zahlen ermittelt werden, wie groß Spielgruppen von Kindern in bestimmtem Alter sind. Zum Beispiel sind die Zahlen, die in einer ebenfalls 1928 erschienenen, von SONJA WISLITZKY in Wien durchgeführten Untersuchung genannt werden, erheblich nied-

---

12 DOROSCHENKO weist darauf hin, daß die Untersuchung noch nicht abgeschlossen sei und die Unterlagen noch nicht ausreichten, um genaue Zahlen anzugeben, doch sei es klar, daß für Kg 1 die hohen Zahlen charakteristisch seien.
13 Ein Druckfehler (19 anstatt 19,9) ließ sich aus dem Text S. 160 berichtigen.

riger als die bei O. Doroschenko.) „Die Spiele: Manifestation, Beerdigung Lenins, Krieg, Aufstand usw. verlangen eine bedeutend größere Zahl Teilnehmer als die Spiele: Puppen, Familie, Küche usw." (S. 158). Die lange Dauer der Spiele läßt sich nach Doroschenko so erklären, daß die Gemeinschaft nicht zerfällt, wenn sich einige Kinder von einer größeren Gruppe absondern. Sie vereinigen sich bald wieder mit dem Kollektiv, das eine große Anziehungskraft für die Kinder hat, und durch die Schaffung eines neuen Details wird das Spiel wieder belebt. Wenn zum Beispiel nur zwei Kinder Krieg spielen, eins davon eine Pferdeleine findet und vorschlägt, Pferdchen zu spielen, ändert sich der Spielinhalt, wenn das andere Kind zustimmt; öfter bleibt aber der Partner beim alten Spiel, und die Gemeinschaft zerfällt. Wenn sich aber bei 12 Teilnehmern zwei Kinder absondern und Pferd spielen, werden sie wieder von der Gemeinschaft angelockt, sie kommen zum Beispiel auf die Idee, die Reiterei zu sein, und gliedern sich erneut in die große Gruppe ein.
In der Untersuchung von O. Doroschenko wird aber nicht nur die Wirksamkeit des Milieus, sondern auch die der herrschenden *Erziehungsziele* deutlich, denn diese ließen erst das Thema „Soziale Beziehungen der Kinder" zum bevorzugten Gegenstand der Forschung und der Bemühungen in der Praxis werden. N. K. Krupskaja spricht das sehr klar aus in einer Rede 1931 vor Erziehern in Vorschuleinrichtungen: „Eine andere sehr wichtige Frage ist die, welche Eigenschaften wir den Kindern anerziehen sollen. Die neue Arbeitstechnik in den Fabriken, Werken und Kolchosen verlangt nicht einfach Arbeit, sondern Kollektivarbeit ... Wir müssen unsere Kinder von Jugend auf ... zu Menschen erziehen, die im Kollektiv leben und arbeiten können. Unsere Abteilung für Vorschulerziehung hat hier ebenfalls viel erreicht. Wenn wir unsere vorschulische Erziehung mit der Bourgeoisie vergleichen, sehen wir, daß ... wir die Kinder zur Kameradschaftlichkeit, zur gemeinsamen Arbeit und gegenseitigen Hilfe erziehen ... Das Leben (hat uns) gelehrt, daß das Kollektiv keine Entpersönlichung bedeuten muß, sondern es ist notwendig, daß jeder arbeitet und es versteht, sich in das Leben der Gemeinschaft einzufügen ... Durch die Kunst und die verschiedensten Spiele muß man die Kinder begeistern und anleiten, das Leben und die Arbeit gemeinsam zu meistern" (zitiert nach Krecker 1959, 234 f.).

5. Ordnungen und Sitten im Kindergarten

Die soziale Erziehung im Kindergarten ereignet sich nicht etwa nur in einzelnen erzieherischen Akten, die auf bestimmte Kinder gerichtet sind, indem hier ein Kind ermutigt, dort eins getröstet wird, hier ein Streit geschlichtet und ein Spiel, das aufgeregte Kinder beruhigen kann, vorgeschlagen wird, sondern eine bedeutende Rolle spielen die Ordnungen und Sitten in der Gruppe. Sie gelten ständig oder über eine längere Zeit hinweg und bilden einen „Rahmen der erziehenden Ordnungen" (FLITNER): Neben aller Spontaneität und Improvisation gehören zum Leben im Kindergarten bestimmte Gewohnheiten, Regeln, Sitten, die dem Kind ein Gefühl der Sicherheit und Verläßlichkeit geben. Ein Teil dieser Normen wird von der Leiterin des Kindergartens und durch Absprache aller Mitarbeiter gegeben, aber ein großer Teil wird allmählich im Zusammenspiel zwischen der Gruppenleiterin, den Kindern dieser Gruppe und eventuell auch den Eltern geschaffen. So wird zum Beispiel zum Geburtstag eines Kindes zum ersten Mal eine Geschichte erzählt, die dann immer wieder gewünscht und schließlich *die* Geburtstagsgeschichte wird. Wie detailliert dann der Ablauf eines Geburtstages allmählich festgelegt werden kann und wie sehr die Kinder darauf bestehen, daß alles „richtig" abläuft, wird besonders deutlich, wenn man eine Gruppe übernimmt, die schon mehrere Monate lang unter anderer Führung zusammen war; die Kinder erklären eifrig die richtige Abfolge, was nun gesungen, gesagt, getan wird. – Dennoch ist nicht zu befürchten, daß das Leben im Kindergarten erstarrt. Feste zum Beispiel, die spontan gefeiert werden, gibt es noch genug: ein Kind kommt nach längerer Krankheit zum ersten Mal wieder in den Kindergarten; der Kindergarten bekommt ein neues Kaspertheater ...; aber daneben braucht das Kind (und auch der Erwachsene) die Verläßlichkeit bestehender Sitten. Hier ist auch Vorfreude möglich, und das Kind lernt, etwas zu erwarten.

Die verschiedenen Regeln betreffen vor allem das tägliche Leben, sie können nur allmählich, durch häufige kurze Unterweisungen durch die Erzieherin erworben werden. Damit engen sie aber das Leben nicht ein, sondern ermöglichen erst eine Selbständigkeit des Kindes, wenn es sich in diesem gegebenen Rahmen frei bewegen kann. So setzt das Freispiel voraus, daß das Kind sich an vielerlei Regeln hält – wie es sich am besten den notwendigen Platz verschafft und umräumen kann, ohne die anderen Kinder zu stören, wie es mit bestimmten Materialien umgeht usw., aber andererseits kann es selbständig planen, was und mit wem es etwas unternehmen möchte. Es gibt auch bestimmte Regelungen, wie man mit begehrtem Spielzeug abwechselt oder wieviel Kinder gleichzeitig in der Puppenwohnung spielen können. Die Kinder wären überfordert, wenn sie ständig Entscheidungen treffen müßten und sich nie auf Regeln berufen könnten; es bleibt genug, was sie selbständig verabreden und wie sie sich jeweils neu aufeinander einstellen müssen. – Auch die häuslichen Tätigkeiten der Kinder gehören ganz selbstverständlich zum täglichen Leben und werden zur Gewohnheit: Tisch decken, Geschirr spülen, Pflege von Blumen usw.; diese Arbeiten, die für die ganze Gruppe getan werden, geben Möglichkeiten zur Kooperation, auch zur gemeinsamen Arbeit mit der Erzieherin.

Andere Gruppennormen beziehen sich nicht auf den Umgang mit Materialien oder den Ablauf bestimmter Vorgänge in Spiel und Arbeit, sondern unmittelbar auf das Verhalten anderen Menschen gegenüber. Kleinkinder können auch schon lernen, sich zu bedanken, Hilfe anzubieten, sich zu entschuldigen. Dabei braucht es sich keineswegs um so etwas wie Dressur zu handeln. Die Kinder müssen zwar erst erfahren, was man überhaupt in bestimmten Situationen sagen oder tun kann (daß man z. B. zusammen mit der Erzieherin an einen kranken Spielgefährten einen Brief schreiben und malen oder mit welchen Worten man zum Geburtstag gratulieren kann), aber vor allem ist es wichtig, daß sie lernen, sich dabei auf andere Menschen einzustellen und nicht nur äußere Formen zu übernehmen. Manchmal ist eine Absicht leicht zu erfassen, und die Kinder bedanken sich gern, weil sie sich darüber freuen, daß einer der Väter ein Spielzeug repariert hat, aber die Erzieherin muß auch oft helfen, indem sie erst einmal in Worte faßt, was ein anderer empfindet. So geschah es in folgender Szene:

„Julius (3;8) hob Gregory (2;6) auf, trug ihn in den Waschraum und setzte ihn auf den Boden ... Er ging weg und kehrte wieder um, als Gregory weinte, hob ihn hoch und sagte: ‚Weine nicht‘ und streichelte ihn. Die Erzieherin kam herein und fragte, was los sei. Julius: ‚Er weint.‘ Er schaute Gregory an, nahm ihn dann hoch und schüttelte ihn. Die Erzieherin setzte ihn herunter und sagte zu Julius: ‚Er denkt, du wolltest ihm weh tun, das wolltest du doch nicht?‘ Julius: ‚Nein.‘ Erzieherin: ‚Sag es ihm.‘ Julius zu Gregory: ‚Ich wollte dir nicht weh tun‘, er streichelte sein Gesicht und sein Haar“ (Murphy 1937, 45 f.).

Die Erzieherin tadelt Julius nicht und tröstet Gregory auch nicht selber, sie versteht beide: Julius, der „nur zum Spaß“ den Kleineren weggetragen hatte und jetzt hilflos war, und Gregory, der Angst bekommen hatte. Die Kinder lernen es durch Hilfen dieser Art immer besser, sich auf die anderen einzustellen, nicht nur die eigenen Wünsche zu sehen und Dank, Entschuldigung und andere Formen im Umgang mit den Erwachsenen und den Spielgefährten nicht nur gedankenlos nachzusprechen. — Wichtiger noch als die Interpretation einer Situation ist aber das Verhalten der Erzieherin. Wir gingen davon aus, daß die Erzieherin nicht in jedem Einzelfall belohnend, tadelnd, vermittelnd eingreifen kann, sondern daß sich die Ordnungen in einer Gruppe hilfreich und regulierend auf das tägliche Leben auswirken und ihm eine Beständigkeit geben. Diese Normen erwachsen zum Teil auch aus Verhaltensweisen der Erzieherin, die von den Kindern übernommen und selbständig ausgeführt werden, ohne daß sie dem Kind gerade gezeigt worden wären; so tröstete Saul in einem oben angeführten Beispiel seine Freundin, die sich weh getan hatte, in der gleichen Weise, wie es immer die Erzieherin tat. – Die Kinder erlernen also soziales Verhalten im Kindergarten zu einem beträchtlichen Teil dadurch, daß sie erleben, wie die Erzieherin täglich mit ihnen, ihren Eltern und anderen Menschen umgeht; sie übernehmen ihre Verhaltensweisen, wie sie sich entschuldigt, wenn sie ein Kind angestoßen hat, wie sie auf ein ein Kind, das längere Zeit als die anderen für eine Arbeit braucht, Rücksicht nimmt usw. Ihr eigenes Handeln und das, was sie von den Kindern erwartet, was sie ihnen vorschlägt, was sie ihnen erklärt oder an ihnen auch einmal tadelt, stimmen dann überein.

Zu den Umgangsformen, die schon für das Kind in ihrem Sinn verständlich sind wie Dank für geleistete Hilfe oder einfache Höflichkeitsformen wie die, einem anderen, der etwas trägt, die Tür aufzuhalten, kommen aber auch Verhaltensformen, die weitgehend von der Konvention her bestimmt sind wie Tischsitten. Trotzdem ist es notwendig, daß die Kinder sich mit zunehmendem Alter in den einfachsten Formen üben. Auch das kann geschehen ohne Dressur und Kommandieren, sondern durch das Vorbild der Erzieherin, durch sachliche Unterweisung (zum Beispiel wie man das Geschirr beim Tischdecken anfaßt und wie es auf den Tisch gestellt wird), durch ihr Lob oder ihre Hilfe, wenn einem Kind etwas nicht gelungen ist. Manche Schwierigkeiten in den späteren sozialen Beziehungen bleiben dem Kind erspart, wenn ihm im Miteinanderleben die allgemeine gute Sitte zur Gewohnheit geworden ist, auch wenn es später erlebt, daß bestimmte Formen nur begrenzte Gültigkeit haben und in anderen Ländern anders sind. Aber das Handeln nach den Sitten der eigenen Kultur ist auch eine Rücksichtnahme auf die sozialen Partner und erleichtert das Zusammenleben.

Die Sitten, guten Gewohnheiten, sozialen Umgangsformen, von denen gesprochen wurde, prägen sich den Kindern am leichtesten ein, wenn in Familie und Kindergarten ähnliche Vorstellungen über ein wünschenswertes soziales Verhalten des Kindes bestehen und wenn die gelebten Formen sich zwar unterscheiden, aber nicht widersprechen oder ausschließen. Dagegen kann es zu Schwierigkeiten kommen, wenn Eltern auf äußere Höflichkeitsformen großen Wert legen, während es die Erzieherin beispielsweise ohne weiteres hinnehmen würde, daß ihr ein Kind die linke Hand gibt, weil es mit der rechten seine Puppe hält, oder wenn sie im Gegenteil meinen, bei einem Kleinkind noch alles tolerieren zu müssen, oder wenn in anderen Fällen ein Kind aus einer Familie ohne erziehende Ordnungen kommt. Dann ist es unbedingt notwendig, Lösungen zu finden, die das Kind nicht in Verwirrung bringen, die aber den Forderungen, die im Hinblick auf ein friedliches Zusammenleben in der Kindergartengruppe gestellt werden müssen, gerecht werden und zugleich einen positiven Beitrag zu der sozialen Erziehung des Kindes leisten.

6. Die Gefahr einer Überforderung des Kindes

Die Bedeutung, die der sozialen Erziehung des Kindes im Kindergarten zugemessen wird, darf aber nicht dazu verleiten, das Kind zu überfordern, indem man sich bemüht, es zu fortwährenden friedlichen sozialen Interaktionen anzuhalten. Zur sozialen Erziehung gehört es ebenso, auch die Distanzierung von der Gruppe zu lernen. Das ältere Kindergartenkind muß unbedingt die Gelegenheit haben, sich zeitweise zurückzuziehen. (Bei dem jüngeren Kind ist das Spiel allein oder in einem Nebeneinander noch ein typisches Verhalten und wird daher eher respektiert). Manchmal möchte ein Kind allein sein, weil es müde ist, weil es nach lebhaftem gemeinsamem Spiel den Wunsch hat, für sich zu sein. Oft träumt es dann vor sich hin oder betrachtet etwas, ein Mobile, die Fische im Aquarium ... In manchen Fällen hat ein Kind aber auch eine bestimmte Idee, einen Plan, den es selbständig verwirklichen will, und die Erzieherin sollte das dann verstehen und es auch den Spielgefährten, die sich beteiligen wollen, begreiflich machen, wie in folgendem Fall:

David will einen Friseurladen aufbauen, für gewöhnlich eine Aufgabe für zwei Personen.
„Erzieherin: ‚Wer soll dir helfen?' David: ‚Niemand.' Erzieherin: ‚Willst du ihn ohne jede Hilfe bauen?' David (mit Nachdruck): ‚Ja'. — David arbeitete eifrig und angestrengt, er führte offensichtlich etwas aus, was er vorher genau durchdacht hatte. Mike, ein besonders guter Freund von David, kam herüber, um ihm zu helfen.
Mike: ‚Soll ich dir helfen?' David: ‚Geh weg!' — Mike, einen Baustein aufhebend: ‚Soll das hierhin?' David (ärgerlich): ‚Laß es liegen.' Erzieherin zu Mike: ‚Ich glaube, David will es heute morgen ganz allein aufbauen. Manchmal wollen wir allein arbeiten. Tommy da drüben sieht sich um, als ob er Hilfe braucht. Schau, ob du ihm helfen kannst, Mike'" (HEFFERNAN und TODD 1960, 325).

Die sozialen Interaktionen der Kinder können auch nicht immer nur friedlicher Art sein. Daß bestimmte Formen des Streits und der Rivalität mit zu einem lebhaften sozialen Geschehen und in das soziale Übungsfeld des Kindes gehören, wurde schon ausgeführt. Aber darüber hinaus gibt es auch tiefergehende Verstimmungen des Kindes, die nicht sofort unterdrückt oder unter einem höflichen Verhalten verborgen werden sollten, sondern die man zuerst einmal verstehen und ernst nehmen muß. So ist es eine Fehleinschätzung der Situation, wenn die Erzieherin in einem oben angeführten Beispiel von Robbie nur Freude darüber erwartet, daß seine Eltern verreist sind und schöne Ferien verleben. Eine bessere Hilfe ist ein liebevolles, tröstendes Verhalten und eventuell auch eine Verbalisierung der Gefühle des Kindes, man gibt zu erkennen, daß man seine Traurigkeit versteht. Ebenso ist Teilnahme an dem Schmerz eines Kindes, dem ein anderes weh getan hat, und auch Verständnis dafür, daß es zuerst einmal auf das andere Kind zornig ist, hilfreicher als die Aufforderung: „Sag zu Jonathan: ‚Es ist alles in Ordnung.' Er sagte, es täte ihm leid, daß er dich umgestoßen hat, hast du nicht gehört?" (BARUCH 1955, 152). – Es ist wichtig, daß die Kinder auch ihre Angst, ihren Ärger, ihre Ablehnung aussprechen und in gewissen Grenzen auch in die Tat umsetzen dürfen, denn die Teilnahme der Erzieherin und gegebenenfalls die Gespräche und gemeinsamen Überlegungen verhelfen dazu, daß die Schwierigkeiten leichter überwunden werden können. Auch wenn das in vollem Umfang nur für die therapeutische Situation gilt, so trifft es doch auch in gewissem Ausmaß für das tägliche Leben im Kindergarten zu.

7. Die Bedeutung der ersten sozialen Erfahrungen in der Gruppe

Die sozialen Erfahrungen, die das Kind im Kindergarten macht als der zumeist ersten Kindergruppe, in der es Mitglied ist, sind von besonderer Bedeutung, da das Kind erst damit beginnt, sein soziales Selbst aufzubauen. (Das „Selbst" kann man in einfachster Formel umschreiben als das Individuum, wie es sich selbst sieht, und zwar innerhalb eines sozialen Bezugssystems, s. MÜHLE 1964, 270.) Anfänglich ist eine Einschätzung des eigenen Ich nur dadurch möglich, daß das Kind erlebt, wie die Menschen, die ihm nahestehen, auf es reagieren, und diese Reaktionen nimmt es auf als Bestandteile der Selbstbeurteilung (vgl. u. a. HARTLEY und HARTLEY 1955, S. 181; 225; 357). Im Kindergarten erlebt nun das Kind, wie es als Spielkamerad und Gruppenmitglied gesehen wird. Ein Kind, das positive

Beziehungen zu anderen Kindern anknüpfen konnte, entwickelt auch ein positives Bild von seinem sozialen Selbst, und die dadurch gegebene Sicherheit verhilft wiederum zu weiteren guten Beziehungen zu den Spielgefährten. Aber es gilt auch das Gegenteil: Während es dem beliebten Kind leichtfällt, fröhlich, hilfsbereit, rücksichtsvoll zu sein, ist das unsichere oder unbeliebte Kind eher mißmutig, arrogant, es stört, oder es wird den anderen lästig, weil es sich an sie anklammert; dadurch wird seine Stellung in der Gruppe und damit sein Bild von sich selbst weiter verschlechtert. – In beiden Fällen ist damit ein sehr verschiedener Ausgangspunkt für die weitere soziale Entwicklung des Kindes gegeben. Der Erzieher muß daher diese ersten sozialen Erfahrungen in der Gruppe ernst nehmen und alles versuchen, einem Kind zu einem ermutigenden Anfang und damit zu einem positiven Bild von sich selbst als Gruppenmitglied zu verhelfen. Es ist dabei besonders wichtig, daß sich jedes Kind im lebendigen sozialen Wechselspiel in der Gruppe erleben kann. So versucht der Erzieher durch Hilfen verschiedenster Art, vielfältige soziale Beziehungen für jedes Kind offenzuhalten und einem Prozeß, in dem ein Kind in eine bestimmte Rolle hineingedrängt wird, Einhalt zu gebieten. Denn wenn es erst einmal als „Dummchen", als „schwarzes Schaf" oder „Tolpatsch" usw. abgestempelt ist, ist eine Hilfe nur noch schwer zu leisten. (Rollen wie der „Star" der Gruppe sind zwar weniger ungünstig, aber sie legen das Kind doch in seinem Verhalten fest und grenzen seine Erfahrungen ein – es erlebt nie, daß es abgelehnt oder gekränkt wird.) Die Erwartungen der Gruppe, daß ein bestimmtes Kind wieder etwas nicht kann, können dann so zwingend sein, daß das Kind auch tatsächlich nichts zu leisten vermag. Hier ist an das oft zitierte Beispiel aus „Street corner society" von W. F. Whyte zu erinnern, wo ein rangniedriges Gruppenmitglied plötzlich beim Kegeln, dem Lieblingssport der Gruppe, ranghöhere Mitglieder übertraf, aber durch Spott und Kritik rasch dazu gebracht wurde, daß sich trotz seiner Bemühungen seine Leistungen in der Gruppe wieder verschlechterten (außerhalb der Gruppe kegelte es weiterhin gut). Die eigene Einschätzung der Erfolgsaussicht ist mit abhängig von der Einschätzung der Erfolgsaussicht durch die Gruppe, das trifft auch schon in gewissem Ausmaß auf die Gruppenbeziehungen von kleinen Kindern zu, und die Erwartungen beziehen sich nicht nur auf die Leistung wie in unserem Beispiel, sondern auf das gesamte Verhalten. (Auch die „Anführer" in der referierten Untersuchung von F. Merei mußten sich nach den Erwartungen der Gruppe richten.)

Die Erzieherin, die zu vermeiden sucht, daß einem Kind von der Gruppe eine Rolle zugeschrieben wird, durch die es zu früh und zu einseitig festgelegt wird, muß sich selbst aber auch davor hüten, ein Kind zu rasch zu typisieren. Hier liegt die Gefahr nahe, daß sie gerade durch ihre Bemühungen, die Gruppenstruktur zu erfassen und überhaupt die neueren sozialpsychologischen Erkenntnisse in ihre Arbeit einzubeziehen, die in der Literatur beschriebenen Typen zu schnell in ihrer Gruppe findet und dann nicht mehr offen genug für das betreffende Kind ist und es selbst – gegen ihre Absicht – durch ihre Erwartungen festlegt.

In der Kindergartengruppe ist es noch leichter möglich als in der Schulklasse, Gruppenprozesse zu beeinflussen. Hier werden noch keine vergleichbaren Leistungen gefordert, die eine feste Leistungs-Rangordnung entstehen lassen, und einem wenig begabten Kind, das in der Schule einmal als schlechter Schüler bei seinen Kameraden einen schweren Stand haben kann (vgl. HÖHN 1967), können im Kindergarten noch leichter Erfolgserlebnisse und Anerkennung durch die Gefährten vermittelt werden. Ferner spielt es eine wichtige Rolle, daß die Bindung der Kindergartenkinder an die Erzieherin meist stärker ist als die der Klasse an den Lehrer oder die Lehrerin, einmal durch das jüngere Alter der Kinder bedingt, andererseits aber auch durch das intensivere gemeinsame Leben im Kindergarten. Die Erzieher im Kindergarten können daher die Beziehungen der Kinder untereinander meist besser lenken als die Lehrer, die auf die Vorgänge innerhalb der informellen Gruppen in ihrer Klasse oft nur geringen Einfluß haben. Diese Möglichkeiten sollten aber auch voll genutzt und alles versucht werden, um jedem Kind zu einem guten Beginn seiner sozialen Erfahrungen in einer Kindergruppe zu verhelfen.

Die sozialen Erfahrungen, die das Kind im Kindergarten macht, sind auch noch in einer weiteren Hinsicht von Bedeutung: Der Eintritt in den Kindergarten ist für das Kind ein erster Schritt auf dem Weg, der es von der Intimgruppe Familie aus in die Gesellschaft einführt, an der es durch die Zugehörigkeit zu einer allmählich wachsenden Anzahl miteinander verflochtener primärer und sekundärer Gruppen teilhat. Das Kind steht im Kindergarten in anderen menschlichen Bindungen als zu Hause, es ist hier nicht mehr Sohn oder Tochter, Bruder oder Schwester, denn trotz gelegentlicher (und meist unangebrachter) Familien-Analogien („Familiengruppe", „Wohnstube" usw.) ist auch ein nahes und vertrauensvolles Verhältnis zur Erzieherin ein anderes als das zur Mutter, und die vielfältigen Beziehungen zu der großen Schar von Spielkameraden sind andere als die zu den Geschwistern. Mit der Zugehörigkeit zu verschiedenen Gruppen beginnt bei dem Kind ein Prozeß, in dem es „lernt, sein Verhalten abzustimmen, seine Loyalität und seine Interessen zu differenzieren und gegeneinander abzuwägen, und es wird so auf die Komplexheit und die Konflikte der modernen Welt vorbereitet" (LÜTKENS 1956, 445). Eine intensive pädagogische Arbeit ist notwendig, damit dieser Beginn des gesellschaftlichen Lebens für das Kind – und auch für die Eltern in ihren Beziehungen zu der ersten Bildungseinrichtung, die ihr Kind besucht – eine Bereicherung und Ermutigung bedeutet. In diesem Zusammenhang erweist sich die Zusammenarbeit zwischen Erziehern und Eltern, die durch Gespräche, Besuche, gemeinsame Überlegungen, eventuell auch durch eine Mitarbeit der Eltern im Kindergarten aufgebaut und intensiviert werden kann, als ein wesentlicher Faktor in der pädagogischen Arbeit.

Die Elternarbeit gehörte von Anfang an zu den Zielen der Kindergartenpädagogik. Es soll hier wenigstens darauf hingewiesen werden, wie wichtig für Fröbel die Elternbildung war. Von dem Spielkreis in Blankenburg, den Fröbel 1839 eröffnet hatte, wird berichtet: Er „erregte die Anteilnahme der ganzen Bürgerschaft. Mütter und Wärterinnen mit ganz kleinen Kindern auf dem Arm kamen, um sich von Fröbel Anregungen geben zu lassen; und die größeren Kinder fanden sich abends noch einmal zusammen und spielten die neu gelernten Spiele im Freien" (HOFFMANN 1951, 174). Zwei Vereinsgründungen zeigen, wie eng Fröbel mit dieser neuen Bildungsstätte für kleine Kinder, dem Kindergarten, die Absicht verband, das Familienleben zu intensivieren. Er wandte sich nicht nur an die Frauen („Frauenverein für Pflege der frühen Kindheit", 1839), sondern auch an die Väter, die er von 1845 an in „Erziehungsvereinen" zu interessieren suchte und denen er insbesondere die Förderung von Kindergärten empfahl (HOFFMANN 1966, 169).
Es ist für die Entwicklung des Kindes von großer Bedeutung, wenn es sich nicht zwischen zwei beziehungslosen oder einander sogar widersprechenden Gruppen hin und her bewegen muß, sondern bei aller Verschiedenheit zwischen Elternhaus und Kindergarten doch eine Verbundenheit spürt. Besondere Schwierigkeiten müssen überwunden werden, wenn Familie und Kindergarten verschiedenen sozialen Kreisen angehören. Es fehlen noch Untersuchungen, ob in unseren Kindergärten Kinder von Gastarbeitern, Kinder aus Barackensiedlungen, Zigeunerkinder u. a. abgelehnt werden, welche Vorurteile schon von Kindergartenkindern übernommen werden und wie Erzieher und Eltern zu einer Zusammenarbeit finden können. — Untersuchungen in den USA zeigten, daß Kindergartenkinder schon rassische und ethnische Unterschiede wahrnehmen, aber die Frage, ab wann aus diesen Gründen in einer Gruppe Kinder abgelehnt werden oder sich absondern, wird unterschiedlich beantwortet. In einigen Untersuchungen wird ein Alter von 8—10 Jahren angegeben, in anderen das Kindergartenalter (CAMPBELL 1964, 297). — Wenn das Kind einer wenig geachteten oder abgelehnten Minderheit angehört, steht ihm ein schwieriger und meist schmerzlicher Prozeß der Rollenfindung bevor. In der bekannten Untersuchung von K. B. und M. P. CLARK (1947) sollten sechsjährige Negerkinder von zwei Puppen, einer weißen und einer schwarzen, die auswählen, mit der sie am liebsten spielen wollten. 71 % der Kinder wählten die weiße Puppe. Auf die Frage hingegen, welche der Puppen „böse" aussehe, zeigten 63 % der Negerkinder auf die schwarze Puppe. Auf die Frage, welche der beiden Puppen ihnen ähnlich sei, wählten 68 % die schwarze Puppe — bei den Dreijährigen wählten dagegen noch 64 % die weiße Puppe (HOFSTÄTTER 1964, 43 f.). Ein großer Teil der Kinder hatte also schon im Kindergartenalter gelernt, sich selbst mit der abgelehnten Gruppe zu identifizieren. — Gerade in Fällen, wo das Kind einer wenig geachteten Minderheit angehört, wie es bei uns u. a. für Kinder aus Barackenlagern zutreffen kann, fällt dem Kinder-

garten eine wichtige Aufgabe zu. Er kann durch gezielte Hilfen und eine intensive Elternarbeit in entscheidender Weise dazu beitragen, daß der Bildungsweg eines benachteiligten Kindes und seine sozialen Beziehungen schon im frühen Alter gelenkt und verbessert werden, ohne daß es dabei seiner eigenen Familie entfremdet wird. Auf diese besonderen Aufgaben des Kindergartens kann hier jedoch nur hingewiesen werden.

VI. Verhaltensweisen der Erzieher

Die soziale Erziehung des Kindes im Kindergarten ist in hohem Maße von der Einstellung und dem Verhalten der Erzieherin abhängig.

J. W. Swift weist in ihrem Überblick über amerikanische Forschungen darauf hin, daß trotz der zentralen Rolle der Erzieherin im Kindergarten wenig Untersuchungen über das Erziehungsverhalten vorliegen. Sie gibt dafür zwei Gründe an: Einmal war man bemüht, das „natürliche“ Verhalten des Kindes zu studieren, zum anderen entsprach es der herrschenden Erziehungsphilosophie, daß das Kind in einer Umgebung aufwachsen müsse, die so frei wie möglich von jeder Führung und Einschränkung sein solle. Daher wurde die Tätigkeit der Erzieherin sehr eingegrenzt, sie bezog sich vor allem auf körperliche Pflege und die Durchführung bestimmter Programme wie Singen und Erzählen. Aber diese Auffassung, so fährt J. W. Swift fort, hat sich gewandelt, je mehr man über die sozialen und emotionalen Bedürfnisse des kleinen Kindes gelernt hat, und die Rolle der Erzieherin ist eine aktivere und wichtigere geworden (Swift 1964, 264).

Aufgeschlossenheit, Herzlichkeit, Takt, Humor und Phantasie können die Atmosphäre und das Leben in der Gruppe so bestimmen, daß eine entscheidende Grundlage für die soziale Erziehung gewonnen ist. Aber auch wenn die Erzieherin ihrer Persönlichkeit und ihrer Einstellung nach gute Voraussetzungen mitbringt, ist damit ein wünschenswertes Erziehungsverhalten [14] noch nicht von selbst gegeben, sondern es muß immer wieder selbstkritisch reflektiert und verbessert werden.

Die Verhaltensweisen der Erzieherin sind von so ausschlaggebender Bedeutung, weil sie auch unmittelbar von den Kindern übernommen werden können und damit nicht nur das Verhältnis zwischen der Erzieherin und dem Kind, sondern auch das der Kinder untereinander bestimmen. Die Kinder identifizieren sich mit ihrer Erzieherin, d. h. sie bemühen sich, ihr möglichst ähnlich und gleich zu werden, und sie übernehmen ganzheitliche Verhaltensmuster des Vorbildes, vor allem dann, wenn zwischen den Kindern und den Erwachsenen liebevolle und warme Beziehungen

---

[14] Es wird hier von „Erziehungsverhalten“ gesprochen, um den Terminus „Erziehungsstil“ (zum Beispiel autoritärer oder sozial-integrativer Erziehungsstil) zu vermeiden, der nicht vereinfachend nach dem „Alles-oder-nichts-Modell“ (Weinert 1966, 107) verwendet werden kann, sondern in dem situative Variablen, soziokulturelle Variablen, Persönlichkeitsvariablen der Erzieher und Erzogenen beachtet werden müßten (Herrmann 1966). „Es ist somit offenbar vorerst weniger anspruchsvoll, von ‚Erziehungsverhalten‘ zu sprechen. Unter Erziehungsverhalten wird die Gesamtheit aller Verhaltensweisen, die eine bestimmte Person in bezug auf eine andere Person äußert, verstanden“ (Schneewind 1966, 45).

bestehen; „... die Nachahmung eines geliebten Vorbildes (wird) in sich selbst als ‚belohnend' erlebt" (HECKHAUSEN 1966, 156). (Natürlich wird das einmal übernommene Verhalten dann auch noch im Laufe der Zeit durch Zustimmung, Lob etc. bestärkt.) – In diesem Vorgang des Identifikationslernens sind die Kinder nicht nur passive Objekte, die gelobt, getadelt, unterwiesen werden, „sondern aktive Subjekte der Erziehung ..., die um ihre eigene Sozialisation bemüht sind; ein Phänomen, das sich etwa bei der Beobachtung des kindlichen Rollenspiels aufdrängt" (HECKHAUSEN 1966, 136).

Durch das Erziehungsverhalten der Kindergärtnerin werden nicht nur die Beziehungen zwischen einzelnen Kindern bereichert, sondern es werden auch Gruppennormen entwickelt. „Derartige Gruppennormen – die dem einzelnen nicht bewußt oder verbal formulierbar zu sein brauchen – beeinflussen dann das Verhalten der einzelnen in bestimmten Situationen, etwa derart, daß Beschimpfungen, Unhöflichkeiten, Auslachen oder Herabblicken auf sogenannte Mängel oder Fehler von anderen unangemessene Arten des Umgangs sind" (TAUSCH und TAUSCH 1965, 242). Ebenso kann auch verletzendes Verhalten zur Norm werden; in einer der von L. B. MURPHY beobachteten Kindergartengruppen lachte eine Erzieherin wiederholt Kinder aus, die hingefallen waren oder einen kleinen Unfall hatten – und auch die Kinder in dieser Gruppe zeigten deutlich das gleiche Verhalten (MURPHY 1937, 46).

Wir wollen nun überlegen, wie die Erzieherin ihr Verhalten der Gruppe gegenüber kontrollieren und verbessern kann. Dabei gehen wir zunächst von zwei Untersuchungen aus.

1. I. Hoppe: Zur Lenkung des kindlichen Verhaltens mit Hilfe der Wortes (1966)

In dieser Untersuchung wurden in neun Kindergartengruppen alle in mündlicher Form gegebenen Hinweise protokolliert und dann in folgende drei Kategorien eingeteilt: Zur ersten Kategorie gehörten alle sachlichen Hinweise zum richtigen Verhalten, die dem Kind auch sagten, was es zu tun hatte, zum Beispiel: „Seht euch einmal im Zimmer um, ob alles Spielzeug ordentlich weggeräumt wurde." In Kategorie zwei fielen alle das Verhalten der Kinder korrigierenden mündlichen Hinweise, soweit sie in freundlichem bzw. ruhigem Ton gegeben wurden; wurden sie dagegen in ärgerlichem, lautem oder befehlendem Ton gegeben, fielen sie in die dritte Kategorie. Aus den Protokollen ergab sich dann, daß es bestimmte Organisationsformen sind, die eine Fülle von Verweisen nach sich ziehen, wie Beispiele aus einer Tabelle zeigen:

Organisationsform	Kategorie 1	Kategorie 2	Kategorie 3	Kategorie 2+3
Frühstück	31	85	54	139
Spiel im Zimmer	12	18	1	19
Spaziergang	41	140	63	203

(Zeiteneinheiten werden nicht angegeben.)

„Für jede Leiterin und für jede Gruppenerzieherin werden sich an Hand dieser Darstellung mühelos die ‚neuralgischen Punkte' unserer Arbeit zeigen. Wenn wir Kinder oft tadeln müssen, ist wahrscheinlich in unserer eigenen Arbeit nicht alles gut bedacht" (S. 14). In allen Gruppen gab es während des Spiels kaum Verweise, da die Kinder hier glücklich und ausgefüllt waren, dagegen war die wesentlichste Ursache für die Disziplinverstöße während anderer Organisationsformen die erzwungene Untätigkeit der Kinder; auch ungerechtfertigte Zeitausdehnungen wie ein zu langer Spaziergang und inhaltliche Über- und Unterforderung führten zu häufigen Störungen. – I. Hoppe konnte mit Versuchsgruppen nachweisen, daß bei einer besser vorbereiteten Mitbeteiligung der Kinder die korrigierenden und die in ärgerlichem, lautem oder befehlendem Ton gegebenen Hinweise abnahmen.

2. A.-M. Tausch und Mitarbeiter: Variablen und Zusammenhänge der sozialen Interaktion in Kindergärten (1968)

In 13 Kindergartengruppen wurden mit Hilfe von Tonbandaufnahmen und Fotos (alle 90 Sekunden) folgende Zeitperioden untersucht: 1. Aufräumen, 2. Frühstück, 3. Freispiel (jeweils vom Beginn bis 10 Minuten danach). Dazu kam noch eine standardisierte Beobachtungssituation: Jede Kindergärtnerin fragte in einem Nebenraum die beiden ihrer Meinung nach am besten und die beiden am schlechtesten angepaßten Kinder einzeln nach ihrem Alter, nach ihrem liebsten Spielzeug und nach dem, was sie sich am meisten wünschten. Anschließend äußerte sie sich über Verhaltensweisen und persönliche Merkmale der vier Kinder.
Nach genauer Auswertung des Materials konnte man folgende Zusam-

menhänge aufweisen: „Je stärker Kindergärtnerinnen ein freundliches, ruhiges, für Kinder sozial übernehmbares und ihre Selbständigkeit förderndes Verhalten mit wenigen Befehlen gegenüber einzelnen Kindern verwirklichten, desto mehr selbständiges Verhalten zeigten ihre Kinder, bzw. Unfreundlichkeit, Erregung, soziale Irreversibilität von Kindergärtnerinnen standen mit Unselbständigkeit von Kindergartenkindern in Zusammenhang ($r = .46$).

Je seltener Kindergärtnerinnen Verhaltensweisen, Gedanken oder persönliche Merkmale ihrer Kinder abwertend und geringschätzig beurteilten, desto freier und aufgelockerter wirkte das Verhalten ihrer Kinder beim Spielen, bzw. häufig geringschätzige Beurteilungen standen mit starrem, unfreiem Spielverhalten von Kindergartenkindern in Zusammenhang ($r = -.66$)" (Tausch 1968, 274).

Für unsere weiteren Überlegungen sind die Einzelergebnisse aus der Untersuchung verschiedener Sprachvariablen von Bedeutung: Die Kindergärtnerinnen sprachen im Durchschnitt jedes einzelne Kind sechsmal häufiger an als umgekehrt, die meisten von ihnen machten nie eine Redepause, der größte Teil der partnerbezogenen Äußerungen war restriktiver Art, viele der Äußerungen waren durch ausgesprochene Unfreundlichkeit gekennzeichnet und für die Kinder nicht übernehmbar, da sie ausgeprägt unhöflich, takt- und achtungslos waren, also sozial irreversibel. Außerdem förderten die Kindergärtnerinnen durch die partnerbezogenen Äußerungen häufiger die Unselbständigkeit als die Selbständigkeit der Kinder. Bei den Beurteilungen, die sie über jeweils vier Kinder abgaben, überwogen die geringschätzigen, abwertenden Äußerungen, obwohl gleich viel angepaßte wie unangepaßte Kinder charakterisiert wurden.

Die Kindergärtnerinnen schätzten ihr eigenes Verhalten weitgehend anders ein: Sie unterschätzten ihr restriktives Verhalten und überschätzten das verwirklichte Ausmaß an Freundlichkeit und Ruhe und die Förderung der Selbständigkeit. Man muß also daraus schließen, daß das vorherrschende Sozialklima in den untersuchten Gruppen „durch mehr Unfreundlichkeit, mehr Restriktion, weniger Ruhe im Verhalten der Erzieherinnen sowie weniger Selbständigkeit der Kinder charakterisiert zu sein scheint, als es Kindergärtnerinnen entsprechend ihren eigenen Angaben anstreben und zu verwirklichen meinen" (278).

Selbst für den Fall, daß die ungünstigen Ergebnisse zum Teil erst durch die Beobachtungssituation geschaffen worden sind, in der die Anwesenheit einiger fremder Menschen und das Bewußtsein des ständigen Beobachtetwerdens das Verhalten von Erziehern und Kindern beeinflußte (vgl. Kayser 1968), bietet die Untersuchung doch einen geeigneten Ansatz für eine Überprüfung des Erziehungsverhaltens, wie es nun dargestellt wird.

3. Kontrolle und Verbesserung des eigenen Verhaltens

Beide Untersuchungen können wesentliche Anregungen für die Arbeit der Erzieher im Kindergarten geben und wurden auch mit dieser Intention durchgeführt: I. HOPPE weist selbst schon durch ihre Arbeit mit Kontrollgruppen Möglichkeiten auf, wie das Erzieherverhalten verbessert werden kann. A.-M. TAUSCH sieht eine wesentliche Aufgabe darin, den Erzieherinnen dazu zu verhelfen, das von ihnen angestrebte Verhalten auch zu verwirklichen, und weist auf notwendige Konsequenzen für die Ausbildung hin.

Wir wollen hier vor allem überlegen, wie die Erzieherin ihr eigenes Verhalten auch während ihrer Berufstätigkeit überprüfen und ändern kann. – Aus den beiden referierten Untersuchungen ergeben sich verschiedene Ausgangslagen:

1. *Einzelne* Situationen im Tageslauf sind durch ein unangemessenes Erziehungsverhalten gekennzeichnet;
2. das Erziehungsverhalten ist *durchgängig* in einer Weise ausgeprägt, in der die Erzieherin den Kindern nicht gerecht wird und ihre eigenen Erziehungsziele nicht verwirklicht.

1. Die Erzieherin kann durch Gedankenlosigkeit, Unerfahrenheit oder Unsicherheit eine gegebene Situation nicht meistern und kommt so zu einem Verhalten, das im Gegensatz zu einer wünschenswerten Führung der Gruppe steht und auch im Widerspruch zu ihrem eigenen Verhalten während anderer Zeiten im Tageslauf: Sie ist unfreundlich und heftig, und die Kinder werden dirigiert, ungerechtfertigt angefahren und getadelt. Häufig fallen die betreffenden Situationen der Erzieherin selbst als unbefriedigend und mißglückt auf, und nach einem intensiven Durchdenken der fraglichen Abläufe, durch Arbeitsbesprechungen oder durch die Beobachtung, wie die Kolleginnen bestimmte Organisationsformen vorbereiten, kann dann verhältnismäßig leicht eine Änderung erreicht werden. Hier sind vor allem folgende Punkte zu bedenken:

a) Eine wesentliche Ursache für Disziplinschwierigkeiten, auf die die Erzieherin dann wiederum mit Schärfe reagiert, ist eine erzwungene Untätigkeit der Kinder, wie sie sich vor allem in Übergängen zwischen verschiedenen Beschäftigungen ergeben kann (zum Beispiel wenn alle Kinder warten müssen, bis die Erzieherin die Vorbereitungen zum Frühstück getroffen hat). Hier muß überlegt werden, in welcher Weise die Kinder beteiligt und unnötige Wartezeiten vermieden werden können.

b) Der Erziehungsstil muß *situationsspezifisch* gewechselt werden. Während man sich meist darum bemüht, den Kindern ein hohes Maß von Selbständigkeit und Spontaneität zu ermöglichen, sind in bestimmten Fällen dagegen von vornherein sehr genaue Anweisungen und eine völlige Lenkung des Ablaufs durch die Erzieherin notwendig, um gar nicht erst Verwirrung und Ärger aufkommen oder die Kinder in Gefahr geraten zu lassen. Mit der in anderen Fällen angebrachten Großzügigkeit, die den Kindern die notwendige Zeit zum Probieren gewährt, sind Situationen, in denen alles sehr rasch, zügig und genau ablaufen muß, nicht zu bewältigen (z. B. Vorbereitungen für die ärztliche Untersuchung oder das Verhalten auf dem Bahnhof während eines Ausflugs). Ähnlich ist es beim Spaziergang, hier wechseln lockere und straffe Führung: Während die Kinder im Park oder in einer stillen Vorstadtstraße laufen und springen können und nicht in der Gruppe gehen müssen, ist es ein unumstößliches Gesetz, daß alle Kinder an der Straßenecke warten, bis die Erzieherin mit ihnen in dichtgeschlossener Gruppe über die Straße geht.

c) Bei unerwartet auftretenden Schwierigkeiten sollte die Erzieherin den Mut haben, sonst geltende Ordnungen einmal außer acht zu lassen und zuerst den vordringlichen Konflikt zu lösen. Vor allem die Berufsanfängerin versucht dann oft in ihrer Unsicherheit, die Situation durch Strenge und Kommandieren zu retten wie in dem folgenden Erlebnis:

Die Kinder (Fünfjährige in einer Kindertagesstätte) wollten sich mittags auf ihre Liegebetten legen. Da an diesem Tag der Raum gründlich geputzt worden war, hatte ich die Liegen morgens aufeinandergestellt und nachher wieder verteilt. Plötzlich rief ein Kind erschrocken: „Ich habe nicht *mein* Bett, ich habe eine 3 und eine 9, und jetzt habe ich eine 4 und eine 5!“ Ebenso stellten jetzt auch andere Kinder klagend fest, ihr Bett habe eine falsche Nummer — ich hatte alle Betten in umgekehrter Reihenfolge aufgestellt. Was sollte ich tun? Bei ruhiger Überlegung hinterher war es mir sehr eindrucksvoll, welche Bedeutung es für die Kinder hatte, in „ihrem“ Bett zu liegen. Mein Trost, wir würden gleich nach dem Schlafen die Betten wieder umstellen, half nicht. Jedes Kind seine richtige Nummer suchen zu lassen, hätte zu lange gedauert, ich mußte schon in wenigen Minuten auch den Liegeraum der Nachbargruppe mit übernehmen, und bis dahin mußten die Kinder ruhig in den Betten liegen und konnten nicht mehr aufgeregt herumlaufen. Der Wunsch, den zeitlichen Ablauf (in Koordination mit den Nachbargruppen) nicht zu stören, und auch die Befürchtung, daß die Kolleginnen den Kopf schütteln könnten, wenn „die Neue“ mal wieder mit ihrer Gruppe nicht fertig wurde, erwiesen sich als stärker als die berechtigten Wünsche der Kinder, und an die Stelle des sonst so friedlichen Zusammenseins vor dem Einschlafen mit Erzählen und Singen trat eine sehr autoritär bestimmte Szene, in der die Kinder mit viel Strenge in die falschen Betten geschickt wurden.

d) Die Bemühungen der Erzieherin, die Kinder zur Mitarbeit anzuregen, und die Großzügigkeit, mit der den Kindern in bestimmten Situationen weite Grenzen gesetzt werden, führen zu einer Auflockerung, die zu Unrecht als Unordnung und Disziplinlosigkeit angesehen und beanstandet werden kann. Daher müssen sich die Leiterin und die Mitarbeiter im Kindergarten weitgehend darüber einig sein, wie eine Gruppe geführt werden soll, und ihre Arbeitsweise auch den Eltern erklären. Andernfalls kann eine Erzieherin durch die Kritik von Vorgesetzten oder Eltern dazu gebracht werden, mehr an Disziplin zu fordern, sie mit Strenge durchzusetzen und die Kinder in geringerem Maß zum selbständigen Handeln zu führen, als sie es selbst für richtig hält.

2. In Punkt 1 gingen wir von der Annahme aus, daß die Erzieherin selbst von bestimmten Situationen in ihrer Arbeit unbefriedigt ist (oder den Sachverhalt doch leicht erkennen kann) und daß sie die nicht genügend durchdachten Abläufe und damit ihr eigenes Verhalten verhältnismäßig leicht ändern kann. Schwieriger ist es dagegen, wenn die Erzieherin davon überzeugt ist, daß sie die Kinder mit Ruhe und Freundlichkeit zur Selbständigkeit erzieht, es aber tatsächlich in viel geringerem Ausmaß tut, als sie annimmt; sie muß dann erst lernen, ihr eigenes Verhalten selbstkritisch zu sehen. Ein Ansatzpunkt können hier die Sprachvariablen von A.-M. Tausch sein. Durch die Mitschrift einer Kollegin oder durch Tonbandaufnahmen kann zum Beispiel überprüft werden, ob man viel zu oft auf die Kinder einredet. Diese Gefahr ist gerade auch bei den Erzieherinnen gegeben, die mit den besten Vorsätzen an die Gruppenarbeit herangehen, viel erreichen und die Kinder intensiv fördern wollen; sie haben gute Ideen und möchten diese auch rasch in die Tat umsetzen. Es fällt dann oft schwer, in Ruhe abzuwarten, erst einmal zu sehen, was das Kind vorhat, und es nicht gleich mit Vorschlägen, Erklärungen oder Ermahnungen zu überfahren. Man ist „allzu leicht geneigt, pädagogisch zu aggressiv zu sein und zu gewaltsam in das junge Leben einzugreifen ... Wir brauchen viel mehr *Gelassenheit* in der Erziehung" (Blochmann 1951, 593). Im Kindergarten liegt auch „die Gefahr, daß etwas von einem Machtverhältnis sich in den pädagogischen Bezug einmischt" (Blochmann), besonders nahe. Die Erzieher im Kindergarten haben allerdings nicht die Machtmittel in der Hand wie die Lehrer (Zeugnisse usw.), aber das Alter der Kinder wirkt sich aus: Es kann schwerfallen, in so kleinen Kindern schon Partner zu sehen, mit denen sich auch ein „Stil des guten geselligen Umgangs" praktizieren läßt, dessen Merkmale „eine freundliche Rücksicht, Distanz und respektvolle Schonung des anderen in seinem Bereich sind" (Blochmann 1951, 592).

Ebenso wie das zu häufige Einreden auf die Kinder können auch die anderen Sprachvariablen von A.-M. Tausch gut überprüft werden, zum Beispiel die Förderung der Selbständigkeit in den partnerbezogenen Äußerungen. Wenn einmal registriert wird, was in einem bestimmten Zeitabschnitt gesagt wird, kann dem Erzieher bewußt werden, wie oft er unnötige Befehle und Anweisungen gibt, die dem Kind vorschreiben, was es tun soll – und die auch nicht dadurch besser werden, daß das Verb „dürfen“ benutzt wird: „Du darfst jetzt den Bauwagen einräumen“ –, anstatt ihm dabei zu helfen, selbst eine Lösung zu finden, mit ihm zusammen zu überlegen, es zu fragen und Aufforderungen so an ein Kind oder an die Gruppe zu richten, daß sie auch Raum geben für selbständiges Handeln (zum Beispiel: „Seht euch noch einmal um, ob alles Spielzeug ordentlich weggeräumt wurde“, Kategorie 1 bei I. Hoppe).

Eine weitere Möglichkeit, das eigene Erziehungsverhalten kritischer zu sehen und zu ändern, bieten Hospitationen in anderen Kindergartengruppen. (Sie müßten wenigstens gelegentlich und stundenweise eingerichtet werden können, wenn eine Vertretungskraft für die eigene Gruppe da ist.) So wichtig eine bessere Erarbeitung von didaktischen und methodischen Fragen für den Kindergarten ist, so sollte man aber als Beobachter in einer anderen Gruppe nicht nur verfolgen, wie die Kollegin eine angeleitete Beschäftigung durchführt, sondern ein wesentliches Ziel der Beobachtung sind auch die sozialen Interaktionen in der Gruppe. Dabei ist es wichtig, auch dort genau zu beobachten, wo zuerst einmal „nichts“ geschieht. Man ist leicht geneigt, nur die auffallenden Phänomene zu beachten und die Aufmerksamkeit sofort einer anderen Gruppe zuzuwenden, in der es gerade lebhaft zugeht. In der praktischen Arbeit kommt die Erzieherin nicht dazu, einem Kind oder einer kleinen Gruppe für eine längere Zeit zuzusehen, da sie für alle Kinder dasein muß, aber in der Beobachtungssituation, in der sie von Verantwortung entlastet ist, kann sie konsequent über längere Zeit hinweg (15 Minuten und länger) ein Kind oder eine Spielgruppe mit allen sozialen Interaktionen beobachten und hierbei gerade die feineren Schattierungen im sozialen Verhalten der Kinder genauer studieren.

Es ist ebenfalls ein wichtiger Aspekt der teilnehmenden Beobachtung, sich die eigenen Reaktionen auf das Verhalten der Kinder bewußtzumachen. Der Pädagoge, der in der praktischen Arbeit steht (oder darin gestanden hat), muß sich anfangs oft geradezu zwingen, in seiner Beobachter-Rolle zu bleiben. Er empfindet dabei dann sehr deutlich, wie rasch er geneigt ist, einzugreifen und in irgendeiner Weise zu handeln, und wie oft er sich nicht genügend Zeit nimmt, um erst einmal zuzuhören. Jetzt kann er beobachten, wie oft dieses Eingreifen unnötig oder störend gewesen wäre, denn die Kinder beenden allein ihren Streit, oder sie finden selbst eine Lösung, zum Beispiel wie sie die Brücke bauen können, die vorher immer einstürzte. Damit soll nicht etwa ein passives Verhalten befürwortet werden, nur die große Aktivität, in die die Erzieherin oft unbemerkt hineinkommen kann, soll erkannt und zugunsten größerer Ruhe und Aufmerksamkeit korrigiert werden. Es gilt, die richtigen Momente zu erfassen, wann es für die Kinder hilfreich ist, daß die Erzieherin sich an sie wendet – mit einer Frage, einem Vorschlag, durch eigene Beteiligung am Spiel und an der Arbeit. So kann zur rechten Zeit ein Spiel bereichert, ein Kind, das aufgeben will, ermutigt, eine Lösung, die als „Modell" dienen kann, angeboten werden. – Vor allem dann, wenn man beobachtend nicht von der Erzieherin, sondern von einer kleinen Spielgruppe ausgeht, erkennt der Beobachter im Verlauf der gemeinsamen Unternehmung, wann ein Spiel auseinanderfällt und zur lauten Alberei oder zu gereiztem Gezänk wird, und er kann überlegen, an welcher Stelle und in welcher Weise die Erzieherin dem Verlauf eine andere Richtung hätte geben können. In dieser Weise kann das Beobachten der sozialen Interaktionen zwischen Erziehern und Kindern (und auch das Wahrnehmen der eigenen Impulse, mit denen der Beobachter immer wieder aus seiner passiven Rolle fallen und selber handeln möchte) wichtige Anstöße und Anregungen dazu geben, das eigene Verhalten kritisch zu durchdenken.

Die Fragen, die sich aus der Beobachtung in anderen Gruppen und auch aus der Überprüfung des eigenen Verhaltens durch Tonbandaufnahmen oder eine Mitschrift ergeben, werden am besten in kleinen Arbeitsgruppen gemeinsam durchdacht und geklärt. Wichtig ist aber dabei, daß nicht das Erkennen und Reflektieren der Aufgaben im Vordergrund steht, sondern das wesentliche Ziel ist die Verhaltensänderung. Hier können auch Fortbildungskurse eine Hilfe sein, in denen die Erzieher ihr eigenes Verhalten als Gruppenmitglieder erfahren, und zwar in den Gruppenprozessen, die von einem ausgebildeten Beobachter bewußtgemacht und geklärt werden. Dabei wird nicht nur ein besseres Verständnis für Gruppenprozesse und damit für die Vorgänge in der eigenen Kindergartengruppe geweckt, sondern auch die eigenen Reaktionen und Verhaltenstendenzen werden deutlicher und selbstkritisch erkannt.

Bei den bisherigen Überlegungen gingen wir von der Annahme aus, daß sich Verhaltensweisen der Erzieherin, die negative Auswirkungen auf die Kinder haben können, gegen ihre eigenen Absichten und Ziele herausbilden, etwa durch Überforderung in der Praxis, ungenügende Möglichkeiten zur Weiterbildung, fehlende Anregungen (besonders wenn die Erzieherin als einzige Fachkraft in einem kleinen Kindergarten tätig ist, keine Kolleginnen in der Arbeit sieht und sich nie mit einer erfahrenen Leiterin besprechen kann) oder eine ungünstige Beeinflussung durch Mitarbeiter, die in der täglichen Arbeit zu einer gewissen Routine und Abstumpfung gekommen sind. Hier kann durch gemeinsame Arbeit in kleinen Gruppen und durch selbstkritisches Beobachten der eigenen Arbeit vieles geändert und verbessert werden. Wenn aber zum Beispiel ein autoritärer Erziehungsstil persönlichkeitsspezifisch ist oder andere grundlegende Fehleinstellungen den Kindern gegenüber vorhanden sind, reichen Hilfen dieser Art nicht aus, hier könnte nur durch intensive Beratung, etwa durch einen Supervisor, eine Änderung erreicht werden.

Abschließend werden noch einmal die wichtigsten Gesichtspunkte zusammengefaßt:

1. Schon im Kindergarten kann ein Stil des guten geselligen Umgangs gepflegt werden, dessen Merkmale „eine freundliche Rücksicht, Distanz und respektvolle Schonung des anderen in seinem Bereich sind" (BLOCHMANN). Das setzt voraus, daß die Erzieherin die Kinder ernst nimmt, nicht über sie verfügen und sie nicht dirigieren will.

2. Die Erzieherin, die den Kindern taktvoll begegnet, unterstützt sie in ihrem Wunsch, „selbst jemand sein zu wollen" (LANGEVELD), sie ermutigt sie in ihrer Eigenart und fördert ihre Selbständigkeit. Zugleich vermittelt sie den Kindern Verhaltensweisen, die sie in der Identifizierung mit ihr übernehmen und durch die auch die sozialen Beziehungen zwischen den Kindern geformt und bereichert werden.

3. Das Leben in der Kindergartengruppe ist meist durch lockere Eingrenzungen gekennzeichnet, innerhalb derer die Kinder die Möglichkeit haben, etwas auszuprobieren, geeignete Lösungen zu finden, eigene Ideen zu verwirklichen. Daneben gibt es aber auch langfristig geltende Regelungen, die unbedingt eingehalten werden müssen, und eine strikte Lenkung einzelner Abläufe durch die Erzieherin (vor allem in Situationen, in denen Kinder sonst in Gefahren geraten, die sie noch nicht übersehen können). Der Erziehungsstil muß also situationsspezifisch gewechselt werden.

4. Auch wenn die Erzieherin die oben angeführten Gesichtspunkte bejaht und das Ziel hat, den Kindern in ruhiger und freundlicher Weise zu begegnen und sie zur Selbständigkeit zu erziehen, geschieht es trotzdem leicht, daß sie zu bestimmend in das Leben der Kinder eingreift. Auch die besonders bemühte und einfallsreiche Erzieherin kann in diese Gefahr geraten, wenn sie den Kindern nicht die notwendige Zeit läßt und sie zur Mitarbeit anregt, sondern sie mit ihren Vorschlägen überfährt und zu rasch zu einem bestimmten Ziel führen will. Es ist daher für die Ausbildung, für die Weiterbildung in Arbeitsgruppen und Kursen und für die eigene Selbstkontrolle während der täglichen Arbeit ein wichtiges Ziel, daß die Erzieher lernen, ihr eigenes Verhalten, ihre sozialen Interaktionen mit den Kindern kritisch zu sehen und gegebenenfalls zu ändern. Als Ansatzpunkte wurden dafür angegeben: Ein genaues Durchdenken der „neuralgischen Punkte" (HOPPE) im Tageslauf; eine Überprüfung der von A.-M. TAUSCH untersuchten Sprachvariablen.

Schluß

Bei guter pädagogischer Führung ist der Kindergarten für das Kind ein „Übungsfeld zu sozialem Verhalten und gesellschaftlicher Integration" (FURCK 1962), das früher die Großfamilie in Verbindung mit der Nachbarschaft ganz selbstverständlich bereitstellte, das aber heute, bedingt durch den Strukturwandel unserer Gesellschaft, durch eine sozialpädagogische Einrichtung als Ergänzung zu der Familienerziehung geschaffen werden muß. Darüber hinaus bietet der Kindergarten spezielle Hilfen, und zwar den Kindern, in deren Entwicklung Gefährdungen und Beeinträchtigungen auftreten, z. B. durch Krankheit, familiäre Belastungen, unzureichende Erziehung. In schwieriger gelagerten Fällen, in denen die Möglichkeiten des Kindergartens nicht ausreichen, liegt seine Aufgabe in einer Beratung der Eltern und der Vermittlung weiterführender Hilfen, wie sie u. a. in Sonderkindergärten gegeben werden können. Diese Aspekte – frühkindliche Bildung in notwendiger Ergänzung zur familiären Erziehung, gezielte Hilfen bei Beeinträchtigungen der kindlichen Entwicklung und, mit beiden Punkten verbunden, die Wahrnehmungen familienpädagogischer Aufgaben – sind kennzeichnend für die Kindergartenpädagogik überhaupt, wie sie gerade in der letzten Zeit diskutiert, erweitert und differenziert wird.

Es liegen bisher noch keine in befriedigender Weise durchgeführten Vergleichsuntersuchungen vor, um einen Erfolg der sozialen Erziehung im Kindergarten nachweisen zu können. Ehe die Versuchsgruppen (z. B. Gruppen von Schulanfängern, die den Kindergarten besuchten, und Gruppen ohne Kindergartenerfahrung) nicht weitgehend parallelisiert werden, ist es wenig sinnvoll, Vergleiche zu ziehen. In der Gruppe ehemaliger Kindergartenkinder können — vor allem bei den heutigen Aufnahmebedingungen — besonders viele Kinder sein, die in ihrer Familie aus verschiedenen Gründen wenig Förderung erhielten, hier kann der Kindergarten allein auch nicht den notwendigen Ausgleich leisten. Andere Kinder wurden gerade wegen der Schwierigkeiten, die sie im Umgang mit Spielgefährten hatten, von ihren Eltern in den Kindergarten geschickt. Wenn ein Lehrer dann feststellt, daß diese Kinder im Vergleich mit anderen nicht auffallen, kann das einen Erfolg des Kindergartens bedeuten! Ferner dürfen, wenn man die Möglichkeiten der Kindergartenerziehung untersuchen will, keine Kinder zum Vergleich herangezogen werden, die einen unzulänglichen Kindergarten besuchten mit zu großen Gruppen, einer ungenügenden Zahl von Fachkräften, einer mangelnden Ausstattung mit Räumen und Material.
Aber auch bei einem Vergleich zwischen gut ausgewählten Gruppen und Kontrollgruppen kann es möglich sein, daß die Ergebnisse noch wenig aussagen. E. L. WIDMER stellt bei der Erörterung der Frage nach dem Erfolg des amerikanischen Kindergartens fest, daß wir viel von dem Gelernten bis jetzt noch nicht exakt

oder fein genug messen können — lernen von Haltungen, Interessen, Wertschätzungen, der Verständigung, sogar von Fertigkeiten. Ein guter Beginn, so betont E. L. WIDMER, ist aber immer wichtig, auch wenn wir die Resultate noch nicht genau messen können — in diesem Fall der Beginn des Bildungsweges des Kindes, da hier die grundlegenden Einstellungen gegenüber dem Bildungsprogramm und den Bildungseinrichtungen entwickelt werden (WIDMER 1967, 56 f.).

In der aktuellen Diskussion um die Inhalte der Vorschulerziehung, wie sie sich in zugespitzter Form im Streit um das Lesenlernen zeigt[15], bildet die Sozialerziehung die Grundlage für alles Weitere und eventuell auch, bei der mancherorts drohenden Einseitigkeit intellektueller Förderung, ein notwendiges Korrektiv. Intentionale Lernprozesse können gerade beim kleinen Kind nicht isoliert gesehen werden; wesentliche Voraussetzungen für die Wirksamkeit des Lernens sind vielmehr die emotionale Sicherheit des Kindes und seine freudige Bereitschaft, sich um etwas zu bemühen – sei es, ein Puzzlespiel zu Ende zu legen, eine Schleife am Schuh zu binden oder in der Gruppe ein neues Lied zu lernen. Alle Inhalte der Kindergartenarbeit wie Spiel, häusliche Tätigkeiten und Gartenarbeit, Werken, Singen, Gymnastik, Übungen zur Sprach- und Denkentwicklung üben die beste Wirkung auf das Erleben des Kindes und auf seine weitere Entwicklung aus, wenn es sich frei und sicher fühlt und seiner Umwelt aufgeschlossen und mit Wißbegierde gegenübersteht. Die Voraussetzung dafür sind tragfähige Beziehungen der Kinder zu ihren Erziehern und zu ihren Altersgenossen, und so ist die Sozialerziehung für die gesamte Bildungsarbeit des Kindergartens von grundlegender Bedeutung.

---

15 Vgl. dazu u. a. A. FLITNER 1967; W. SCHULTZE 1968 (Bibl.).

Literaturverzeichnis

Allen, Y., und D. Campbell: The creative nursery center. New York 1948.

Anderson, Harold H., und Gladys L. Anderson: Social development. In: Manual of child psychology, hrsg. von Leonard Carmichael, 2. Aufl. New York, London, Sydney 1965.

Anderson, John E.: The development of social behavior. Am. Journal of Sociology 44, 1939, S. 839—857.

Arsenian, Jean M.: Young children in an insecure situation. Journal of Abnormal and Social Psychology 38, 1943, S. 225–249.

Baier, I., und A. Domachowski: Aus der sowjetischen Vorschulpädagogik. Neue Erziehung im Kindergarten 20/6, 1967.

Barker, R. G., u. a.: Experimental studies of frustration in young children. In: Readings in social psychology, hrsg. von T. M. Newcomb und E. L. Hartley. New York 1947.

Baruch, Dorothy W.: Mental-health practices at the preschool level. In: Mental healt in modern education (the 54th Yearbook of the National Society for the Study of Education. Part II), hrsg. von N. B. Henry. Chicago 1955.

Bayr-Klimpfinger, Sylvia: Zur Psychologie des Kleinkindalters. In: Gegenwartsfragen der Kindergartenerziehung, hrsg. von A. Niegl. Wien 1950.

Bayr-Klimpfinger, Sylvia: Das Dreijährige im Kindergarten. Das Vierjährige im Kindergarten. Das Fünfjährige im Kindergarten. Die Sechsjährigen – das letzte Jahr im Kindergarten. Alle Aufsätze in: Unsere Kinder 21, 1966.

Bayr-Klimpfinger, S., und A. Niegl: Welches Spielmaterial ist für Dreijährige bereitzuhalten? Welches Spielmaterial ist für Vierjährige bereitzuhalten? Welches Spielmaterial ist für Fünfjährige bereitzuhalten? Welches Spielmaterial ist für Sechsjährige bereitzuhalten? Alle Aufsätze in: Unsere Kinder 21, 1966.

Bayr-Klimpfinger, S.; P. Hofer und M. Bauer: Es ist zu überlegen (ein Beitrag zur Gruppeneinteilung im Kindergarten). Unsere Kinder 18/6, 1963.

Berger, I.: Das Rollenspiel und die sittliche Erziehung der Vorschulkinder. Neue Erziehung im Kindergarten 18/10, 1965.

Bittner, G.: Psychoanalyse und soziale Erziehung. München 1967.

Bittner, G. und E. Schmid-Cords (Hrsg.): Erziehung in früher Kindheit. München 1968.

Blochmann, Elisabeth: Die Sitte und der pädagogische Takt. Die Sammlung 6, 1951, S. 589–593.

Blochmann, Elisabeth: Pädagogik des Kindergartens. In: Beiträge zur Sozialpädagogik, hrsg. von Luise Besser u. a. Heidelberg 1961.

Böhme, Franz Magnus: Deutsches Kinderlied und Kinderspiel. Leipzig 1897.

Bossard, J. H. S., und E. S. Boll: The sociology of child development. 4. Aufl. New York 1966.

Braun, Edith: Eine Kinderfreundschaft (Beobachtung aus einem Kindergarten). Zeitschrift für psychoanalytische Pädagogik 10, 1936, S. 84–92.

Buß, Anneliese: Didaktische und organisatorische Probleme in der engeren sozialpädagogischen Arbeit. Blätter des PFV 19, 1968, S. 46–55.

Campbell, John D.: Peer relations in childhood. In: The review of child development research, hrsg. von M. L. Hoffman und L. W. Hoffman, Bd. 1, s. d.
Challman, R. C.: Factors influencing friendships among preschool children. Child Development 3, 1932, S. 146–158.
Christensen, N.: Die Lenkung des Rollenspiels durch Wort und Mitspiel. Neue Erziehung im Kindergarten 19/6,8, 1966; 20/1, 1967.
Clark, K. B., und M. P. Clark: Racial identification and preference in Negro children. In: Readings in social psychology, hrsg. von T. M. Newcomb und E. L. Hartley. New York 1947.
Correll, Werner: Pädagogische Verhaltenspsychologie. München, Basel 1965.
Dethloff, Ingeborg: Möglichkeiten der Gruppenbildung in Kindertagesheimen. Blätter des PFV 14, 1963, S. 133–139.
Doroschenko, Olga: Der Einfluß des Milieus auf den Inhalt und Aufbau frei entstehender Kollektive im vorschulpflichtigen Alter. Zeitschrift für angewandte Psychologie 30, 1928, S. 150–167.
Dunnington, M. J.: Behavioral differences of sociometric status groups in a nursery school. Child Development 28, 1957, S. 103–111.
Ernst, Ursula: Die Situation der vorschulischen Erziehung. In: Zur Situation der Vorschulerziehung, hrsg. von M. Stahl. Heidelberg 1968.
Flavell, J. H.: The development of role-taking and communication skills in children. New York, London, Sydney, Toronto 1968.
Flitner, Andreas: Die pädagogische Anthropologie inmitten der Wissenschaften vom Menschen. In: Wege zur pädagogischen Anthropologie, hrsg. von A. Flitner. Heidelberg 1963.
Flitner, Andreas: Der Streit um die Vorschulerziehung. Zeitschrift für Pädagogik 13, 1967, S. 515—538, abgedr. in G. Bittner und E. Schmid-Cords, s. d.
Flitner, A., und G. Hundertmarck: Die Gruppe in der Sozialpädagogik. In: A. Flitner und Mitarbeiter, Brennpunkte gegenwärtiger Pädagogik. München 1969.
Flitner, Andreas und Mitarbeiter: Brennpunkte gegenwärtiger Pädagogik. München 1969.
Forest, Ilse: Early years at school. New York, Toronto, London 1949.
Foster, Jos. C., und N. E. Headley: Education in the kindergarten. 3. Aufl. New York 1959.
Francis, E. K.: Wissenschaftliche Grundlagen soziologischen Denkens. 2. Aufl. Bern 1965.
Freud, A., und S. Dann: Gemeinschaftsleben im frühen Kindesalter. Jahrbuch der Psychoanalyse, 1961/62, 2, S. 201–244.
Fuchs, Herta: Psychoanalytische Heilpädagogik im Kindergarten. Zeitschrift für psychoanalytische Pädagogik 6, 1932, S. 349–391.
Furck, C.-L.: Aufgaben der Sozialpädagogik in der Gegenwart. Zeitschrift für Pädagogik 8, 1962, S. 374–392.
Fürstenau, Peter: Soziologie der Kindheit. Heidelberg 1967.
Fuxloch, Karl: Das Soziologische im Spiel des Kindes. Beiheft 53 der Zeitschrift für angewandte Psychologie, 1930.
Gesell, Arnold, und F. G. Ilg: Säugling und Kleinkind in der Kultur der Gegenwart. Bad Nauheim 1952.
Gottschaldt, Kurt, und Christiane Frühauf-Ziegler: Über die Entwicklung der Zusammenarbeit im Kleinkindalter. Zeitschrift für Psychologie 162, 1958, S. 254–278.

Green, E. H.: Friendships and quarrels among preschool children. Child Development 4, 1933, S. 237–252.
Green, E. H.: Group play and quarreling among preschool children, ebd., S. 302—307.
Günzel-Haubold, M.: Psychologische Probleme des Kindergartens. In: Handbuch der Psychologie, Band 10. Göttingen 1959.
Gutachten zur Erziehung im frühen Kindesalter. Empfehlungen und Gutachten des Deutschen Ausschusses für das Erziehungs- und Bildungswesen, Folge 2, Stuttgart 1957.
Haase, Kurt: Das soziale Verhalten und Erleben im Kindes- und Jugendalter. Vierteljahresschrift für wissenschaftl. Pädagogik 9, 1933, S. 169–187.
Hahn, Grete: Lied und Spiel. 6. Aufl. Hannover 1955.
Hanfmann, Eugenia: Social structure of a group of kindergarten children. In: Readings in the social psychology of education, hrsg. von W. W. Charters, J. und N. L. Gage. 2. Aufl. Boston 1964.
Hansen, Wilhelm: Psychologische Voraussetzungen der sozialen Erziehung in Familie und Schule. Vierteljahresschrift für wissenschaftl. Pädagogik 26, 1950, S. 268–283.
Hansen, Wilhelm: Die Entwicklung des kindlichen Weltbildes. 6. Aufl. München 1965.
Hartley, E. L., und R. E. Hartley: Die Grundlagen der Sozialpsychologie. Berlin 1955.
Heathers, G.: Emotional dependence und independence needs in nursery school play. Journal of Genet. Psychology 87, 1955, S. 37–57.
Heckhausen, Heinz: Leistungsmotivation. In: Handbuch der Psychologie, Band 2, Göttingen 1965.
Heckhausen, Heinz: Einflüsse der Erziehung auf die Motivationsgenese. In: Psychologie der Erziehungsstile, hrsg. von Theo Herrmann, s. d.
Heffernan, Helen, und V. E. Todd: The kindergarten teacher. Boston 1960.
Heintze, Käthe: Kindergarten und Kindertagesheim. Blätter des PFV 9, 1958, S. 69–81.
Heintze, Käte: Probleme des Kindertagesheims heute. In: Beiträge zur Sozialpädagogik, hrsg. von Luise Besser u. a. Heidelberg 1961.
Hemmer, Frank D.: Tagesstätten für Kinder. München 1967.
Herrmann, Theo (Hrsg.): Psychologie der Erziehungsstile. Göttingen 1966.
Hess, R. D. und R. M. Bear: Early education. Current theory, research and action. Chicago 1968.
Hetzer, Hildegard: Das Spiel und seine Pflege im Kindergarten. In: Handbuch der Kinderheilkunde, Band III: Immunologie – Soziale Pädiatrie, red. von Th. Hellbrügge und F. Schmidt. Berlin, Heidelberg, New York 1966.
Hetzer, Hildegard, und Gertrud Noelle: Die Funktion verschiedengearteter Kinder in der Kindergartengemeinschaft. Zeitschrift für Pädagogische Psychologie 37, 1936, S. 15–34 (wieder abgedruckt in H. Hetzer: Zur Psychologie des Kindes, hrsg. von J. P. Ruppert. Darmstadt 1967).
Highberger, Ruth: The relationship between maternal behavior and the child's early adjustment to nursery school. Child Development 26, 1955, S. 49–61.
Hoerburger, Felix, und Helmut Segler: Klare, klare Seide (Überlieferte Kindertänze aus dem deutschen Sprachraum). Kassel 1962.
Hoffman, M. L. und L. W. Hoffman: Review of child development research, vol. 1 u. 2. New York 1964/66.

Hoffmann, Erika (Hrsg.): Fröbel. Ausgewählte Schriften, Band 1. Godesberg 1951.

Hoffmann, Erika: Der sozialpädagogische Auftrag des Kindergartens. In: Beiträge zur Sozialpädagogik, hrsg. von Luise Besser u. a. Heidelberg 1961.

Hoffmann, Erika: Friedrich Fröbel. In: Thüringer Erzieher, hrsg. von G. Franz. Weimar, Graz, Wien 1966.

Hoffmann, Erika: Die Bedeutung der Erziehung des Kleinkindes. In: Erziehung in früher Kindheit, hrsg. von G. Bittner und E. Schmidt-Cords, s. d.

Hofstätter, Peter R.: Gruppendynamik. Hamburg 1957.

Hofstätter, Peter R.: Einführung in die Sozialpsychologie. Stuttgart 1963.

Hofstätter, Peter R.: Sozialpsychologie. Berlin 1964.

Höhn, Elfriede: Der schlechte Schüler. München 1967.

Höhn, E., und M. Koch: Zur Psychologie des Außenseiters. Psychologische Rundschau 5, 1954, S. 271–283.

Höhn, E., und C. P. Schick: Das Soziogramm. Göttingen 1954.

Homans, G. C.: Theorie der sozialen Gruppe. Köln, Opladen 1965.

Hoppe, I.: Die Aufgaben der Kindergärtnerin bei der Anleitung des schöpferischen Spiels in der jüngsten Gruppe. In: I. Hoppe und U. Götz: Schöpferisches Spiel und volkstümliches Spiel im Kindergarten. Berlin (Ost) 1961.

Hoppe, I.: Zur Lenkung des kindlichen Verhaltens mit Hilfe des Wortes. Neue Erziehung im Kindergarten 19/5, 1966.

Hundertmarck, Gisela: Teilnehmende Beobachtung als Methode pädagogischer Forschung. Neue Sammlung 7, 1967, S. 556–563.

Jersild, Arthur T.: Child psychology. 5. Aufl. New Jersey 1960.

Joël, W.: „Behavior maturity" of children of nursery school age. Child Development 7, 1936, S. 189–200.

Kagan, J.: Acquisition and significance of sex typing and sex role identity. In: The review of child development research, hrsg. von M. L. Hoffman und L. W. Hoffman, Band 1, s. d.

Kanter, R.: Gegenseitige Beziehungen in der jüngsten Gruppe anbahnen! Neue Erziehung im Kindergarten 20/1, 1967.

Kapp, Gertrud: Das helfende Gespräch. Kinderheim 43, 1965, S. 245–250.

Kayser, Margarete: Kindergarten und ‚Verhaltensforscher'. Unsere Jugend 20, 1968, S. 362–364.

Klomp, Friedel: Prinzipien der Gruppenpädagogik, eine Hilfe für unsere Arbeit? Kinderheim 39, 1961, S. 57–67.

Koch, H. L.: Popularity in preschool children: some related factors and a technique for measurement. Child Development 4, 1933, S. 146–175.

Koch, H. L.: The relation in young children between characteristics of their playmates and certain attributes of their siblings. Child Development 28, 1957, S. 175–202.

Krecker, Margot: Aus der Geschichte der Kleinkindererziehung. Berlin (Ost) 1959.

Kremer, Thea: Gruppenaufteilung einmal anders. Welt des Kindes 44, 1966, S. 204–206.

Lambert, H. M.: Teaching the kindergarten child. New York 1958.

Langeveld, M. J.: Einführung in die Pädagogik. 3. Aufl. Stuttgart 1962.

Langeveld, M. J.: Studien zur Anthropologie des Kindes. 2., erw. Aufl. Tübingen 1964.

Langeveld, M. J.: Die Schule als Weg des Kindes. 4. Aufl. Braunschweig 1968.

Launer, I.: Eine glückliche Kindheit gibt einen Vorrat an Mut und Kraft fürs ganze Leben. Neue Erziehung im Kindergarten 20/6, 1967.
Leuba, C.: An experimental study of rivalry in young children. Journal of Comparative Psychology 16, 1933, S. 367–378.
Lewin, Kurt: Die Lösung sozialer Konflikte. Bad Nauheim 1953.
Lewin, K.; R. Lippitt und R. K. White: Patterns of aggressive behavior in experimentally created social climates. Journal of Social Psychology 10, 1939.
Lichtenberger, Waldemar: Soziale Erziehung im Kindesalter. Erziehung und Psychologie, Heft 26, München, Basel 1963.
Lichtenstein, Ernst: Umrisse einer soziologischen Jugendkunde. Berlin 1955.
Lippitt, Rosemary: Popularity among preschool children. Child Development 12, 1941, S. 305–332.
Lütkens, Charlotte: Die kleine Gruppe – Legende und Wirklichkeit. Kölner Zeitschrift für Soziologie und Sozialpsychologie 8, 1956, S. 426–449.
Marshall, Helen R., und Boyd R. McCandless: A study in prediction of social behavior of preschool children. Child Development 28, 1957 a, S. 149—159.
Marshall, Helen R., und Boyd R. McCandless: Relationships between dependence on adults and social acceptance by peers. Child Development 28, 1957 b, S. 413–419.
McCandless, B. R., und H. R. Marshall: A picture-sociometric technique for preschool children and its relation to teacher judgments of friendships. Child Development 28, 1957, S. 139–147.
Merei, F.: Group leadership and institutionalization. In: Human relations. Band 2, 1949.
Moreno, J. L.: Die Grundlagen der Soziometrie. 2. erw. Aufl. Köln, Opladen 1967.
Muchow, Martha: Die soziale Gestalt des Kindergartenkindes. Ravensburg o. J.
Mühle, Günther: Rolle und Rollenbewußtsein als entwicklungspsychologisches Problem. Archiv für die gesamte Psychologie 116, 1964, S. 267–278.
Müller, Anne: Über die Entwicklung des Leistungs-Anspruchsniveaus (eine experimentelle Untersuchung zur Frage des Leistungsverhaltens 3- bis 6jähriger Kindergartenkinder). Zeitschrift für Psychologie 162, 1958, S. 238–253.
Mummery, Dorothy: Family backgrounds of assertive and non-assertive children. Child Development 25, 1954, S. 63–80.
Murphy, L. B.: Social behavior and child personality. New York 1937.
Murphy, L. B.: Variations in sympathetic behavior on the playground (Abdruck eines Kapitels aus: Murphy 1937), und: Social factors in child development; beide Aufsätze in: Readings in social psychology, hrsg. von T. M. Newcomb und E. L. Hartley. New York 1947.
Neue Auswahl aus den Schwalbacher Blättern (Beiträge zur Gruppenpädagogik). Haus Schwalbach 1965.
Niegl, Agnes (Hrsg.): Gegenwartsfragen der Kindergartenerziehung. Wien 1950.
Niegl, Agnes (Hrsg.): Beiträge zur Kleinkindererziehung in Familie und Kindergarten. Hamburg 1954.
Niegl, Agnes: Freies oder geführtes Spiel. Unsere Kinder 19/1, 1964.
Nijkamp, W. M.: Das Kleinkind in seiner Gemeinschaft. Braunschweig 1962.
Oevermann, Ulrich: Schichtenspezifische Formen des Sprachverhaltens. In: Begabung und Lernen, hrsg. von H. Roth, s. d.
Parten, M. B.: Social participation among preschool children. Journal of Abnormal and Social Psychology 27, 1932, S. 243–269.

Parten, M. B.: Leadership among preschool children. Journal of Abnormal and Social Psychology 28, 1933 a, S. 430–440.
Parten, M. B.: Social play among preschool children. Journal of Abnormal and Social Psychology 28, 1933 b, S. 136–147.
Paul, H.: Der Vorgang der Gruppenbildung beim Spiel. Soziale Welt 4, 1952, S. 50–58.
Pestalozzi, Johann Heinrich: Sämtliche Werke, hrsg. von A. Buchenau, E. Spranger, H. Stettbacher. Band 13, Berlin/Leipzig 1932.
Pestalozzi-Fröbel-Verband: Der Kindergarten. Grundsätzliches zur Einrichtung und Ausgestaltung. Neufassung 1967.
Piaget, J.: Das moralische Urteil beim Kinde. Zürich 1954.
Popitz, Heinrich: Der Begriff der sozialen Rolle als Element der soziologischen Theorie. Tübingen 1967.
Raskin, Luise: Wird unsere praktische Erziehungsarbeit in Kindergarten und Hort den Lebensbedürfnissen des heutigen Kindes gerecht? Kinderheim 37, 1959, S. 61–74.
Redl, Fritz: Gruppenemotionen und Führerschaft. In: Aus der Werkstatt des Erziehungsberaters, hrsg. von L. Bolterauer. Wien 1960.
Redl, Fritz: When we deal with children. New York, London 1966.
Reichenberg-Hacket, W.: Practices, attitudes and values in nursery group education. Psychol. Reports 10, 1962, S. 151–172.
Richter, H. E.: Eltern, Kind und Neurose. 2. Aufl. Reinbeck (rororo) 1969.
Roth, Heinrich: Die Bedeutung der empirischen Forschung für die Pädagogik. In: Pädagogische Forschung und pädagogische Praxis, hrsg. von Hans Heckel u. a. Heidelberg 1958.
Roth, Heinrich (Hrsg.): Begabung und Lernen. Deutscher Bildungsrat, Gutachten Bd. 4. Stuttgart 1969.
Ruppert, J. P.: Sozialpsychologie im Raum der Erziehung. Weinheim 1952.
Scharmann, Th.: Das Kind im Schnittpunkt sozialer Beziehungen. Kölner Zeitschrift für Soziologie und Sozialpsychologie 6, 1953/54, S. 464—476.
Scharmann, Th.: Die individuelle Entwicklung in der sozialen Wirklichkeit. In: Handbuch der Psychologie. Band 3, Göttingen 1959.
Schmaus, Margarete: Die Bildungsarbeit der Kindergärtnerin. München 1958.
Schmaus, M., und Schörl, M.: Die sozialpädagogische Arbeit der Kindergärtnerin. München 1964.
Schneewind, K. A.: Systematische Retrospektion als Datenquelle zur Erfassung des Erziehungsverhaltens. In: Psychologie der Erziehungsstile, hrsg. von Theo Herrmann. Göttingen 1966.
Schörl, Margarete: Aus meinem Kindergarten. In: Gegenwartsfragen der Kindergartenerziehung, hrsg. von A. Niegl. Wien 1950.
Schörl, Margarete: Das Raumteilverfahren. Kinderheim 38, 1960, S. 115–118.
Schultze, Walter: Die Diskussion um die Vorschulerziehung und das Frühlesen. In: Zur Situation der Vorschulerziehung, hrsg. von M. Stahl. Heidelberg 1968.
Schwartz, M. S., und Ch. G. Schwartz: Problems in participant observation. Am. Journal of Sociology 60, 1955, S. 345–360.
Siebenmorgen, Elisabeth: Die Kindergartenarbeit heute. Kinderheim 42, 1964, S. 2–15.
Stern, Erich: Das Verhalten des Kindes in der Gruppe (Beobachtungen im Kindergarten). Zeitschrift für angewandte Psychologie 22, 1923, S. 271–286.

Stern, William: Psychologie der frühen Kindheit. 2. Aufl. Heidelberg 1952.
Swift, Joan W.: Effects of early group experience: The nursery school and day nursery. In: The review of child development research, Band 1, hrsg. von M. L. Hoffman und L. W. Hoffman, s. d.
Tausch, Anne-Marie, et al.: Variablen und Zusammenhänge der sozialen Interaktion in Kindergärten. Psychologische Rundschau 19, 1968, S. 267—279.
Tausch, R., und Tausch A.-M.: Erziehungspsychologie. Göttingen 1963.
Tenbruck, Friedrich H.: Über soziale Gebilde. In: Wissenschaft und Gesellschaft, hrsg. von G. Kadelbach. Frankfurt a. M. 1967.
Thomae, Hans: Die Periodik im kindlichen Verhalten. Göttingen 1957.
Thomae, Hans: Entwicklung und Prägung. In: Handbuch der Psychologie. Band 3, Göttingen 1959.
Walters, J.; D. Pearce und L. Dahms: Affectional and aggressive behavior of preschool children. Child Development 18, 1957, S. 15–26.
Weinert, Franz: Erziehungsstile in ihrer Abhängigkeit von der individuellen Eigenart des Erziehers. In: Psychologie der Erziehungsstile, hrsg. von Theo Herrmann, s. d.
Westernhagen, E. von: Gemeinsames Frühstück oder durchgehendes Freispiel? Kinderheim 35, 1957, S. 168–170.
Whyte, W. F.: Street corner society. 2. erw. Aufl. New York 1956.
Widmer, E. L.: Why kindergarten? In: Social foundations of education, hrsg. von W. Westby-Gibson. New York 1967.
Wills, C. D., und W. H. Stegeman: Living in the kindergarten (a handbook for kindergarten teachers). Chicago 1951.
Wislitzky, Sonja: Beobachtungen über das soziale Verhalten im Kindergarten, Zeitschrift für Psychologie und Physiologie der Sinnesorgane 107, 1928, 1. Abt., S. 179–188.
Wolf, Thilde: Der Auftrag der Kindergärtnerin heute. Evangelische Kinderpflege 16, 1965, S. 116–172.
Wolffheim, Nelly: Psychoanalyse und Kindergarten (und andere Arbeiten zur Kinderpsychologie), hrsg. von G. Biermann. München, Basel 1966.
Yates, Alfred (Hrsg.): Grouping in education. UNESCO-Inst. for Education Hamburg. Stockholm, New York 1966.
Zeitschrift für Pädagogik, Heft 4/1969 (Dissozialität und Sozialpädagogik) und Heft 1/1970 (Vorschulerziehung - Gestörte und benachteiligte Kinder).
Zunich, M.: Children's reaction to failure. Journal of Genetic Psychology 104, 1964, S. 19-24.

Personenverzeichnis

Weitere Bände in der Reihe SOZIALPÄDAGOGIK

Günther Bittner

Sprache und affektive Entwicklung Band 2

1969, 45 S., kart. 7,80 (92073)

Hermann Wenzel

Fürsorgeheime in pädagogischer Kritik Band 3

Eine Untersuchung in Heimen für männliche Jugendliche und Heranwachsende

1969, 240 S., kart. 17,80 (92860)

Manfred Vollert

Erziehungsprobleme im Kinderdorf Band 4

Eine Untersuchung in den deutschen SOS-Kinderdörfern

1970, 212 S., kart. 15,80 (92844)

Bruno Bettelheim

Liebe allein genügt nicht Band 5

Die Erziehung emotional gestörter Kinder

Aus dem Amerikanischen von G. Theusner-Stampa

1970, 378 S., kart. 28,50 (90064)

Christoph Ertle

Erziehungsberatung Band 6

(in Vorbereitung) (92211)

Fred M. Hechinger (Hrsg.)

Vorschulerziehung Band 7

als Förderung sozial benachteiligter Kinder

Aus dem Amerikanischen von W. Kirst

1970, 122 S., kart. 9,50 (92350)